文章偶得

——閱讀素養的核心

作者　林世奇

輯三、定勢——怎麼讀？為何讀？

輯四、通變——考試、命題

推薦序

黃國珍

時間剛跨入二〇二一年，與林世奇老師在線上閒話中，忽然邀我為他新書《文章偶得》寫一篇文章。當下我一方面驚喜，同時又憂心。驚喜是因為有幸拜讀過世奇老師過去臉書上分享的內容，與少量精印的作品集，知道他是一位對文字品味與文化學識都有高度素養的老師。被如此的作者邀稿，實在是一份榮幸。但讓我憂心的原因，也是我前面所述，若沒有足以彰顯作者與作品的篇章回饋，豈不辜負請託。就情義來說，我義不容辭，但捫心自問，又真心覺得我未有世奇老師的內涵與文采能落筆為文。不過，身為一位讀者，在閱讀《文章偶得》這本書的過程中，確實有很多感觸與共鳴，也再次讓我享受文學之美，咀嚼經典的意義，並回想到自己在過去學習中曾經有過的體悟：「課堂上真正觸動我的，不是課本中的內容，而是藉由這些篇章，引領我打開眼界，啟發思考的老師」。

這幾年有幸在教育領域與台灣各地老師們進行許多交流，台灣老師在教學上付出的心力與時間，外人難以明白其中的辛苦，但是這樣付出換來的，是學生普遍學習意願低落的責難和自身教學熱情的折損。這情況可能反映出一個教學上長久存在的問題，尤其是國文這科目最容易發現，就是教學者與教學內容的疏離。老師缺乏以自身生活的真實情境與問題，作為學生在這些經典篇章中去探究的路引，領略其中作者的情感與思維，窺看時代的面貌，反思自身的問題。課本內容值得記誦，但這不是唯一的價值，因為要在這些情意流轉與人世洞見中挖掘出珍寶或開啟一番天地，需要的是「活學」！我個人認為這是世奇老師在他真實課堂上，也是這本書中最可貴之處。

世奇老師在《文章偶得》書中，藉我們都讀過，被學生視為遙遠又難解的經典作品，演釋出一幕又一幕交織著師生間生命的對話，從作品到作者自身與時代的探尋，而過程中又讓我們看見一位教學者在知識與經驗中推敲辨證的活學風景。讓國文課有了作者生命的溫渡，學習在知識與經驗中開展，師生間的教學相長，不再是一則註釋考題。

拜讀世奇老師《文章偶得》這本書，有種奇妙的感受。雖然他在書寫時，是以國文課程內容與教學思維為主體，但是行文之間卻有種武俠般的俠情與豪氣，不是文以載道的老套路，而是處處流露仗義執言、鏟奸除惡、濟弱扶傾的真性情。世奇老師的生活，從習武蓄力、傳道授業、待人接物、論議針貶，就是一種文化涵養、知識風骨與文學品味的實踐。像極了一位化身教師，大隱於市的劍俠，逍遙於桃李，悠遊於書海中化育英才。

很榮幸有機會能為世奇老師的新書《文章偶得》說些話，要謝謝世奇老師讓我在閱讀這本大作的過程中，成為一位快樂的讀者。這真是一本值得擁有的好書！

〔案〕序者黃國珍，品學堂創辦人，《閱讀理解》學習誌暨數位平台總編輯。撰寫《閱讀素養》、《探究式閱讀》兩本以閱讀為主題的暢銷書，為近年教育界推動閱讀素養的指標人物。

通透與性情：我讀《文章偶得》

吳昌政

世奇老師將《文章偶得》的書稿示我，邀請我寫推薦的話。說推薦壓力太大，我份量也不夠。但作為「指定讀者」，我既受寵地享受了這番閱讀經驗，承蒙同道師者的信任，也因此樂於回饋，向朋友們分享閱讀隅見。

這部文集收錄的作品，內容多半融合了教學敘事與文章鑑賞，以當代高中國文課的情境為背景，呈現世奇老師作為一名國文老師以及一名讀書人，閱讀、教學之際的反思實踐。書裡頭值得探討的內涵很豐富，主要涉及到文化、經典、教育與國文教學等主題，而這篇文章只打算談談我自己的閱讀感受。

國文課堂上的經典古文原都由生命的核心出發，是作者面向自身生命、所處世界以及人類文化長流的對話。閱讀這本文集，彷彿引我進入世奇老師的國文課堂，透過經典文本為媒介，時而遨遊於古文生成的時空環境，時而探索文人的心靈世界，時而一窺文章背後的文化思想，又總是能回叩人類共同的生命關懷，最後落實到自身的生命處境。

世奇老師在書中多處提到對閱讀「套路」的反省與批判。與這樣的主張合拍，書中分析各篇文章，不是採取預設好的理解架構，將文本支離拆解；不是亦步亦趨地順著文本的字詞、句段、篇章，爬梳表層文意；也不是運用現成而相同的概念標籤，機械地鑑賞文本。或許「套路」本身不壞，壞的是徒具空架子，裡頭沒有真東西；若是裡頭有真東西，「套路」照樣可以生氣勃勃。世奇老師對於閱讀、對於閱讀教學的「套路」之所以憂心，屢加針砭，應當與身處這時代的國文教學環境不無關係吧？

《文章偶得》書中收錄的作品很「雜」，篇幅、體式與筆調不一，毫無「套路」可循，這固屬實情，也呼應著「文章本天成，妙手偶得之」的詩句，強調為文本非刻意經營，乃隨教學與問答之機而成，一任胸臆流向筆尖。

然而，這不妨礙閱讀過程中自有一股整體的感受。這樣的感受並非來自於書寫體例與內容知識，而主要來自寫作者注入的的學術見識與生命實感，使得字裡行間彷彿觸摸得到文本的脈搏，同時聽得見作者的呼吸聲口。我姑且用「通透」與「性情」來概括這樣的閱讀感受；分開說是不得已，兩者其實合在一塊兒，與其人的學問、見識及才華都分不開。

說這些文章「通透」，有好幾層意思。顯而易見者是文字清暢，不賣弄艱澀的翻譯術語，不學舌曖昧的流行詞彙，不依傍權威，不裝腔作勢，而能用自己話寫出自己對文本的理解，同時向讀者表達出溝通的誠意。

其次是能縱深思考，根據教學情境與生命關懷，從具體文本中引出問題意識，然後一層一層撥開文本的肌理，不停留在辭章表面的字句結構。能做到這層，講述式的上課已經可以兼具啟發與探究。

第三層是對於文本產生的歷史脈絡有所理解，能將文本放回特定的時空座標與文化脈絡裡頭，幫助我們學習聆聽文本的聲音與作者的心聲，而不只是選擇性地聽見自己想聽的，或者止於用自己有限的生命經驗去理解文本。

第四層通透，要突破個人生命的限制，尋求文化經典的源頭活水。傳統經典的語言成為我們與古之作者共享的文化資源，也是與歷代精采文本相互對話的前提。或者退一步講：那些高度抽象化、哲理化的詞語概念，是我們得以汲取文本中生命智慧的井繩。照我的看法，本書最突出的價值與貢獻或許在此，勾畫出了當代「國文老師」的文化圖像，並且隱隱然道出了背後的文化承擔。

最後，「通透」的完成同時意味著閱讀文章要能回應現代的處境以及自身的生命。以教學者來說，還包含了對於學生生命狀態的理解，唯有如此，才能將文本的生命力透過教學活動，充盈在師生之間。

以上所述，難道不也是一位理想的國文教師應該具備的條件嗎？世奇老師透過閱讀與書寫，反思性地實踐了這種「通透」的教學風度。

這些反映著學與思、教與學歷程的文章，讀來不僅「通透」，而且頗見「性情」。世奇老師從不避諱表現自己閱讀的感受與評價，然而無論嬉笑怒罵、好惡褒貶，都會把道理說清楚。世奇老師從不迴避在教學的時候談論自己的生活以及對社會的觀察，然而那與其說是跑野馬，毋寧是教師以自身經驗為文本，幫助學生理解課文文本；同時也向學生示範，如何將自身的生命經驗與文本的生命連結，產生呼應。世奇老師作這些文章，當然是學問真積日久所致，然而觸發機緣多來自學生與教師同儕的提問，因此行文之際也偶爾帶著生動與詼諧。

教師於是「活」了起來。至少對我輩國文教師來說，上課絕不僅是「講授課文」、「傳遞知識」而已。教師在課堂上表達情感與分析道理，本身就是國文教學的關鍵內涵，因為語文不只是知識的載體或者表情達意的工具，語文本身就是人情感、思考的顯現，也直接涉及到想像、邏輯與審美等高層次的認知能力。要達到這樣的教學效果，教師須要同時講究教學語言的措辭，兼顧表達的詞氣與聲口，只有對本國語文深造自得的人才能游刃有餘的表現。

國文教學通常以文本為教材，很容易讓人誤會上課要學的只是「教材」。可如果這樣的話，學生去看四平八穩的文章賞析，然後多刷題目以鞏固語文辭章的知識不就足夠了嗎？事實上，國文教師不僅作為文本的傳遞者，舉凡教師的言語素養、教師的價值觀點、教師的知識品味、教師的思維方式、教師的審美情趣、教師的胸襟格局，諸如此類活生生、與人相關者，可能才是讓課堂饒富滋味的元素。

也正是在這樣的意義下，教師得以成為學生與文本之間認識、溝通的橋樑。拿掉這些屬於教師的「人」的成分，任何外在的教學方法、教學材料、教學工具等等都會黯然失色，形成一副空殼子。等而下之者，教師將自己狹隘的生命觀與學習觀習染給學生，斲喪了青春的天機與聰明。可以說，教師的精神氣度、教師的性情，本身就是文章，而且可能以一種比文字更有穿透力的方式影響默化著學生的生命。如果一位國文老師將「教人」視作重要的教學內涵，希望引起青年學生的生命感受與省思，這難道不也是值得注意的嗎？

以上所述的「通透」與「性情」是我閱讀《文章偶得》最深切的感受，或者說共鳴。身為讀者，我很開心能與朋友們分享我的閱讀心得，如果我的心得能提供一些觀點，引發朋友們（特別是年輕的國文教師朋友）閱讀時產生更加通透、更見性情的想法，那我就加倍快樂了。

《文章偶得》在編目上借用《文心雕龍》的篇目，四輯依序是「原道」、「辨騷」、「定勢」、「通變」，這樣的安排大抵有意思在，值得玩索。然而回到成篇之初，本書既然不是在預設的架構下書寫，而是將蓄養多年的讀書、講學心得寫就文章，因此讀書不求甚解者如我，但求心得，就不再鑽求篇目的微言大義了。倒是那樣的篇名讓我想到《文心雕龍》序志篇的結尾：「文果載心，余心有寄。」世奇老師這本書雖名曰「偶得」，應當也是「有寄」的吧？

〔案〕序者吳昌政，現任台北市立建國中學國文科教師。

輯一・原道

文章的思想核心

關於小康

有年輕的孩子來問，「禮義以為紀」的小康之治，要怎麼理解才好。大同之治境界高，其中的價值不難說。但講完大同再講小康，好像就掉下來了，有點講不動的感覺，所以來找我商量討論，看能不能有點啟發。

我是這樣想的：

所謂小康，當它被放在大同境界的描述之後，作為對照的時候，看起來它確實充滿著限制性，它有明確的目的，有鮮明的界域，有嚴密的方法，相較於那個像渾金璞玉的大同年代，自然是一種真實無疑的退化。

但是反過來看，連這樣英雄競起的小康年代，孔子也沒能趕上，孔子所面對的，是去古漸遠的時代，不論大同與小康，都只能在少數僅存的文獻記載上窺知一二，在古籍裡想像當年那樣的精采。至於在國家的大祭典裡，實在是殘破走樣得差不多了，什麼都看不到了。

這就是我們通過春秋「三世」之說來檢視〈禮運〉篇的必要。

「太平世」既不可見，「升平世」也渺茫難尋，他所處的時代，正在向「據亂世」墜落，而歷史證明了一件事，在孔子死後的兩百年，混亂的程度確實在攀升。

用「三世」之說來檢視歷史，我們可以看見歷史的「實然」，從「太平世」、「升平世」到「據亂世」，人類的私欲確實是在擴張膨脹。但「三世」之說的意義其實不在這裡，它的價值是在「應然」的重建和開創。

在「據亂世」裡橫流的人欲，不是理想中的「太平世」可以慰藉的，不論是桃花源或烏托邦，人們所虛構出來的理想世界，真正的意義不是在歷史的真實，而是在文明的高度，也就是窮其智慧之所及，最後能夠給出怎樣的究極境界，那樣的境界給後人的又是怎樣的啟發。

究極境界的作用，在於追問人們存在的終極價值，人可以或應該往何處去。這個境界的設定，會決定這個民族文化上的高度，有時也會影響到那些亂世竄起的英雄，究竟在亂世中能建構起怎樣的社會。

大同世界的說法，是否曾經在歷史上存在過，其實無關緊要，關鍵是這個關於「大同」（或小康）的描述裡，能給我們怎樣的啟迪和力量。通過這樣的啟迪，我們在創造歷史的時候，腦子能夠到達什麼樣的高度，看見怎樣的方向？這可能才是閱讀〈禮運〉的重點。

戰國時期，有兩個人對孔子的評論至關重要。一個是尸子，他說「仲尼尚公」；一個是孟子，他說孔子是「聖之時者」。這兩項評論，正好說明了孔子思想中的兩個重要面向。

正因為「仲尼尚公」，所以他祖述的是堯舜（《中庸》：「仲尼祖述堯舜，憲章文武」），他追慕的是無私的大同極境。《易經》裡說「大人者，與天地合其德」，這正是對廓然無私的境界描述。人類的最高成就，不是在他得了什麼，而是他終於捨掉了自己，這種思想的智慧，高到了極處。

但此境落實於政治，不可立致。人若求之於己，可以漸臻於內聖；如果形諸政治，外王的過程有許多艱難，是無可避免的——特別是在聖賢、英雄都已經遠去，人欲正在橫流的時代。

好吧，在那個傳說中也許到處都能碰見聖賢的時代，這樣渾然一片的靈光也許到處閃耀，但是五帝時期，過去了。

在那個英雄應世而起，虎嘯風生、龍吟雲萃的時代，智者盡其謀，勇者竭其力，他們所重構的秩序裡，文明的光彩也在到處流溢。嗯，又過去了。

特別是在「時無英雄」的時候，這些是不是都只能是「遙遠的絕響」？時無英雄，可能豎子成名，可能梟雄禍國，可能弱肉強食，這種時候我們需要的是有效的秩序重建之路。

「禮義以為紀」也許目的性強、方法緻密、界域鮮明，但它也許正是時代需要的過渡性手段，通過它，我們有機會向更大的可能前進。

所以，漫談廓然大公的極境，當然好，但一定是不夠的。小康之世裡「禮義以為紀」的文明力量，每一個都是撥亂反正的範例，沒有一個是輕鬆的，每個都在示範著怎樣殺出一條血路，另闢新天。

在這個連英雄都難找的時代裡，我們更需要這些撥亂反正的英雄軌跡，尋覓良方，來對治時代的痛處。

所謂「聖之時者」的精神，就在與時而進，隨時而化，不拘泥於常法，不執溺於至典。在這樣混亂的時代，英雄的霹靂手段、深遠智謀，儘管格局不如堯舜的厚地高天，境界不如堯舜的巍巍蕩蕩，但對付這個年代，正合適。

據說孔子在魯國做司寇，一上任就殺掉了少正卯，毫不手軟（孔子攝魯相，七日而誅少正卯。此說最早出於《荀子》，後代雖有爭議，不過毓老師上課，支持此說）。要重建秩序，霹靂手段是不可或缺的。

〔案〕毓老師（一九〇六——二〇一一）全名「愛新覺羅毓鋆」，清朝禮親王代善後裔，六歲進宮伴讀，師事陳寶琛、鄭孝胥、羅振玉、柯劭忞、王國維、康有為、葉玉麟諸先生，後留學日本、德國學習軍事。前半於政壇上叱吒風雲，後隨國民政府輾轉來台，拒絕政府安排職務，深居簡出，以《大易》《春秋》貫徹群經，以通經致用為本，講學六十年，學生遍及政商學界，影響深遠。

所以，「各親其親，各子其子，貨力為己，大人世及以為禮」的現象，雖然比「選賢與能，講信修睦」要遜得多、弱得多，可是這個年代裡，人心的「私」已經遍地都是了，不用「城郭溝池以為固，禮義以為紀」，難道我們能直接「謀閉而不興」、「外戶而不閉」，讓那些盜竊亂賊（包括竊國盜國）爽爽偷、用力搶嗎？

所以小康裡所有的手段，都是在混亂的年代裡，所能找到的最好方法。

小康之治裡面，有一句「禮義以為紀」，所以接下來說說這個禮義。

先說這個「禮」。「禮教吃人」的說法流行以後，「禮」的意思很容易被看淺、看扁，或者誤解。「禮」的意思，大約是制度。我一直覺得，孔子所說的禮，不應該是指硬梆梆的、現成的外在規範，而應該是指一種細膩、活潑、隨時調整變化的設計，我們甚至不妨把它理解為對人類生活秩序的創造。

正因為時代一直在變，所以制度的設計必須不斷重新考量，而且要預見到更遠的未來，為了要滲入人心，除了有形的法制規範，還需要許多無形的暗示引導，藏進這個制度的設計裡。所以，儒家所謂的的「禮」，和一般我們所理解的「法」，最大的差別也許是：裡面要有人文的反思。

孔子論「禮」，有時就用「法」來做對照，如《論語・為政》：「道之以政，齊之以刑，民免而無恥；道之以德，齊之以禮，有恥且格。」意思很鮮明，「法」能夠遏止或整飭外在行為，只有「禮」才能誘導、轉化內在的思維，使人馴至於至善。

但禮要如何設計，其設計時的理念如何，在這個對照裡還看不清楚。我們可以看另一段，《論語・學而》說：「禮之用，和為貴。」禮的創造和發用，是為了通向、形成這個「和」，所以它的模樣可以千變萬化，但核心不變，就是「和」。

為了達到這個「和」，必要的手段是「節」，同一篇的下一段說：「知和而和，不以禮節之，亦不可行也。」所以「節」很重要。

這裡的「節」，大約可以理解為節制和收斂的意思。所謂節制和收斂，並非人類自創的文明所獨有，宋儒朱熹說：「禮者天理之節文、人事之儀則。」自然界也有規則，萬物的生長活動，都是在規則裡展開，失去規則便趨於毀滅，人事也是如此，透過節制和收斂，以符合規律，是必要的手段。這是儒家的基本看法。

換句話說，禮的設計，並不是為了讓人們方便、好看、燦爛、精采，而是讓人們把自己收攝起來，好讓生命還原他應有的秩序，就像天地運行的規律一樣。

而這個收攝節制最具體的表現，就是「讓」。

《論語．里仁》說：「能以禮讓為國乎，何有？不能以禮讓為國，如禮何？」《論語．先進》說：「為國以禮，其言不讓，是故哂之。」這些地方，都指出了禮和讓的關係。「讓」，就是收攝節制的具體化。

唯有從收攝和遜讓這裡開始，禮的精神才能得到落實。而所有的收攝節制，都必須與時俱進，以得其宜，以得其和。所以後代所謂的「禮教吃人」，其實是一種誤解，禮教並不會吃人，會吃人的是人，是人使用禮的空殼子來吃人，那其實和禮的真義沒有關係。

如果我們正確地理解儒家所說的禮，它其實一直是一種精神，一種活潑潑的設計和建制，不是外顯的器物、形制或規條。《論語．陽貨》說：「禮云禮云，玉帛云乎哉？樂云樂云，鐘鼓云乎哉？」禮的靈魂不在玉帛，而在一種精神力量，一種內蘊秩序的和諧之美。

所以禮是一種動態的平衡，不是靜態的形跡。《論語．泰伯》說：「恭而無禮則勞，慎而無禮則葸，勇而無禮則亂，直而無禮則絞」，每一種行為表現，都有它適當合宜的節度，這個節度和分寸，當然會與時推移，不斷變化，所以禮只能是動態的平衡，不會是靜態的規制。

《論語·顏淵》說，顏淵問仁，孔子回答：「克己復禮為仁。一日克己復禮，天下歸仁焉。」人要是能拿得住自己，整個生命也都有了它協調統一的秩序，那麼，這種生命的秩序，怎麼能是外在的形跡？它只能是成德者的行為實踐中所蘊含的秩序。

更值得注意的是「克己」和「復禮」連在一起，「復禮」的必要途徑是「克己」，這個「克己」，一般理解為克制自己，但是要克制自己什麼呢？結合我們上面說的遜讓、收攝、節制這些意思來看，禮的工夫會具體落實在「自我」的消解。私被消解了，才能通向公，所以唯有從「禮」出發，才有通向大同的可能性。

這樣我們就看出來了，小康和大同不是截然兩分的。我們還沒有到達廓然大公的極境之前，必須要有一場過渡的手段，想要指向大同，只能從自我的消解著手，那麼，「禮」就是最好的設計。

我說了這麼多，想要說明的是：禮是一種通向和諧的手段，用之於政治，是一種與時俱進的高明創造，它不是陳舊、固定、成形的外在規範，而是隨時迎接著新秩序、應時而變的新創造。通過這樣的創造，能使眾多生命得以成功地回復生命的內在節奏、和諧秩序。

所以，它裡面必須含著人文的深切反思，取得一種動態的生命平衡，也是一種讓自己從容舒展的可能，它還是通向無私境界的過渡設計和必要手段。

從這個意義上去理解禮，就知道為什麼「禮義」要並稱。

「義」就是宜，所有的禮都是為了宜，宜於時、宜於世、宜於生命狀態，那麼，我們不要受到阮籍的干擾，他說「禮豈為我設」，好像禮很狹隘、很淺薄，他所說的應該是失掉靈魂的空殼子，並不是真正的禮。

禮如果恰當地加以理解，它就不應該被小看，特別是在生命混亂失序的年代，它很可能是人類能找出來的最佳手段。

至於歷史上的周文疲弊，禮崩樂壞，確是事實，但那不是禮本身的問題，時移世異，禮當然應該與時而進，不能合於時宜的禮，自然不是禮，那只是過時的空殼、失去生命的殘軀。真正的禮，應該在人們的創造力裡面出現。

對於這些過時的「禮殼」，「禮」本身不應也不必任咎，是人們對禮的糟蹋和誤解，而不是禮能吃人。後人失去了隨時創造的動能，卻質疑前人曾經成功的設計，這是很奇怪的。

如果我們通過這樣的方式，去理解小康之治裡所說的「禮義以為紀」，那它真的不狹隘、不淺薄了，它是重建秩序的必要手段，也是通向大同的必要路徑，所以在儒家的認知裡，撥亂反正，必須從這條路下手。

最後，我想補充一下「禮義」連讀的一種特殊意涵：中。

「中」有多重意涵，我們先看《中庸》的說法。「喜怒哀樂之未發，謂之中；發而皆中節，謂之和。中也者，天下之大本；和也者，天下之達道也。致中和，天地位焉，萬物育焉。」中，是所有的生命價值和力量的基礎、根源。未發之時，圓滿無缺，是中；已發之後，恰如其分，是和。內外一體，從心所欲，都能恰到好處，到這個地步，人就參贊了天地的化育。這是《中庸》裡的解釋，應該有代表性。

我們若再參看《荀子．儒效》，他說：「先王之道，仁之隆也，比中而行之，何謂中？禮義是也。」荀子進一步解釋「君子之所道」，應該是「譎德而定次，量能而授官，使賢不肖皆得其位，能不能皆得其官，萬物得其宜，事變得其應，慎墨不得進其談，惠施、鄧析不敢竄其察，言必當理，事必當務。」用現在的話來說，就是在對的時候做對的事，並且拿捏得剛剛好。這就是「中」，也就是「禮義」。

於是，「中國」這個詞的真正意涵，就成了「禮義之邦」。

這是禮義連用之後，影響最深遠、使用最普遍的一個文化符碼。

論語答問

上課鐘響，我進了教室，學生還在亂哄哄的一片，還沒靜下來。我便坐下來，靜靜地看著她們，等待。

有一個孩子卻趁著這個空檔，來跟我說話：「老師，我最近自己看《論語》。」

「咦？好啊！」

「不過我有些地方看不太懂。」

「你說。」

「就是那個……三家……嗯，我忘了是哪一句……」

「三家？」

「就是魯國有三家，好像怎樣，孔子批評他們什麼……啊，上課了，我下課再問！」

一下課，她果然來了。「老師，是……三家者以雍徹！」

「嗯嗯。這意思不難懂啊，你有查過嗎？」

「有，可是看不太懂。為什麼孔子要批評他們？」

「以雍徹，是天子用的禮。祭祀宗廟完畢，要撤去祭品的時候，唱〈雍〉的詩句，這個禮只有天子祭祀才能用。三家是誰？他們是大夫啊，連諸侯都不是，卻把天子的禮都拿來用了，所以孔子要罵他們。這就好像季氏八佾舞於庭，他一個大夫，只能用四佾，諸侯才能用六佾，他很大膽，連天子的八佾舞都拿來用了。這排場太囂張了啊。」

「為什麼不可以？」

「禮啊。孔子想要建構或恢復這個世界的秩序，那是他的夢想啊。」

「為什麼？」

「我們講遠一點好了。你看，從殷商到周朝，那就像我們前幾天說的『典範轉移』，文、武、周公他們幹的事情，就是重塑了這個世界的秩序，從母系社會的坤乾，到父系社會的乾坤，從多神多鬼的崇拜，轉到人文化成的世界，這個新秩序的建立，是前所未有的成就，孔子很仰慕啊，說『郁郁乎文哉，吾從周！』其實孔子處在東周時期，那個周文明的力量已經疲弊了，可孔子還做著重建或恢復周文的夢啊！」

「那，可是，孔子是不是有種族歧視？」

「咦？為什麼這麼說？」

「我忘記哪一句了……」

「雖蠻貊之邦行矣？」

「不是。」

「雖之夷狄，不可棄也？」

「不是。」

「微管仲，吾其被髮左衽矣？」

「嗯……也不是，有一句什麼夷狄……啊！夷狄之有君……」

「不若諸夏之無也？」

「對對對！那是什麼意思？是不是種族歧視？」

「也不好這麼說。這個話，在清朝的時候，確實會當作反清復明的理由。可是夷狄和華夏的區別到底在哪裡？不在血統，而在文化。以前有一句話：夷狄而中國，則中國之；中國而夷狄，則夷狄之。什麼意思？這個中國跟現在用的意思不太一樣，有華夏文明的意思在裡面，就是說，這個夷狄雖然血統是夷狄，如果幹的都是文明的事，那就是文明人了；反過來，你雖然住在華夏文明的精華區，血統也是華夏人，但幹的都是夷狄的事，那就是夷狄了。所以說，夷狄和華夏的區別，不在血統，而在文化。」

「夷狄而中國，則中國之；中國而夷狄，則夷狄之」，出自韓愈的〈原道〉：「孔子之作《春秋》也，諸侯用夷禮則夷之，進於中國則中國之。」意思是：華夏血統的諸侯，用夷禮，則視為蠻夷，用中國禮就視作中國。但雍正在《大義覺迷錄》裡把韓愈的話改動了，變成：「中國而夷狄也，則夷狄之；夷狄而中國也，則中國之。」雍正的話比較好記，後來的人引述這句話，就時常用雍正改過的版本了。

「那為什麼夷狄的文化不好？」

「對，這個問題很棒，從我們現代人的角度，不能輕易否定人家的生活方式和世界觀，這很好。可是你讀那個時候的書，還是要回到那個時代去看，那是什麼時代？由商入周，大概可以算是人類想從野蠻茫昧、多神多鬼、對渺茫未知充滿崇拜的時代掙脫出來，渴望去建構一個井然有序的世界觀和社會秩序。我們大概可以這樣粗略地理解『周文』，那麼，這樣好不好呢？其實很難說。不過，人類社會往前發展，還是會想要釐清一點價值出來，比如說吃飯，是手抓好呢？還是用筷子好？比如說頭髮，是披散好呢？還是束起來好？這裡面總會有一些判斷。比如說酋長死了，他年輕漂亮的老婆，讓兒子接手，拿來當老婆，這樣好不好呢？也會慢慢形成一些判斷。所謂的倫啊、常啊，這種秩序的考量就慢慢出來了。我們不一定把它當作最高的真理，但是從渾沌走向文明，他們的這種渴望，應該還是可以理解的。所以我不太會把它看成是種族歧視，算是對生活方式、價值取向的一種渴望吧。」

我一口氣說了這麼多話，其實很怕小孩失去耐性，但是孩子好像沒有，她點了點頭，接受了。像是疑惑解開了，有一種釋然的樣子。

我也點了點頭，收拾東西準備離開，卻看到另一個孩子拿著便當，就站在講桌旁邊默默地旁聽，她什麼話都沒有說，但看起來已經聽了很久。

我心裡有許多難以形容的驚喜，一股一股地冒上來。難為這些孩子了，不但自己讀，自己想，還能自己問，甚至自己主動來旁聽。

在某種意義上，我可能是有點放任的老師。因為我不喜歡板起面孔，進行所謂的勤教嚴管。也不喜歡訂出一堆規矩和罰則，三令五申地宣達。又不喜歡出一大堆作業，設計出精密的評分規準。我就只想跟她們說說話，有問必答，要多少我答多少。

我發現，我總是把她們想成是年輕時代的自己。在那個非常非常年輕的時代，我最不需要的就是人家弄一堆規範教條來管束教訓。我最需要的，是深度的談話和啟發。

帶著這樣的念頭在教書，我其實從來沒有真的教過什麼人，好像，我一直都是在跟自己講話。

幸好，她們還能忍耐我，一個這樣每天「自言自語」的老師。而且，她們的神情都很溫柔、很喜悅，沒有什麼不耐。我覺得很感動。

春秋

我們現在的生活裡，提到「春秋」的機會已經很少了。好像，那是一部很遙遠的古書，和我們的生活很難拉到一起，非常陌生。

我們的課本偶爾會碰到一點，我們的課本選〈燭之武退秦師〉出自《左傳》，《左傳》是解釋《春秋》的書——那麼，這應該是和《春秋》關係最近的時候。或者，有的版本在補充教材裡面選了《史記》的〈太史公自敘〉，就把這個《春秋》又多說了幾句，這可能高中教材裡難得把力氣聚焦在《春秋》的時刻。

但平常提起它時，總是硬梆梆的，乾澀澀的，彷彿只是一種待被記憶的知識，為了純粹知識的理由而記憶它，但僅止於此，聽過也就丟了。

可是，書上又把《春秋》說得好重要。什麼「一字之褒，榮于華袞，一字之貶，嚴于斧鉞。」「孔子作春秋，亂臣賊子懼。」都說得好厲害，可是，那到底干我們什麼事？又干學生什麼事？除了考試以外。

換句話說，我們其實該問問：《春秋》到底要說什麼？跟我們有什麼關係？它真的很重要嗎？為什麼重要？

我們大概都知道，孔子的思想是「正名」為先，「名不正，則言不順；言不順，則事不成；事不成，則禮樂不興；禮樂不興，則刑罰不中；刑罰不中，則民無所措手足。」這一段大家耳熟能詳，儒家所以成為「名教」，即由此而來。

接著，大家都說春秋「道名分」，孔子重視「正名」，所以春秋是孔子深心所託。這麼說來，好像一切都順理成章。

可是，有一個更重要的問題，還是沒有解決。名分是啥？「正名」真有那麼重要嗎？什麼名正言順，這一套一套的，會不會其實就是儒家的自晦，其實根本沒有道理？

歷史上的「正名」，搞來搞去往往都只是說個名堂、編個說法，反正大盜盜國，贏者全拿，只看到強盜扮皇帝，妓女立貞節牌坊，如果只看這些個髒唐、臭漢、宋埋汰、元迷糊、明邋遢，一路到清鼻涕，實在看不出「正名」真正的意義在哪兒。

可是孔子把《春秋》看得這麼重，一定有他的道理吧？

《史記》的〈太史公自敘〉裡面娓娓道來，把春秋之義反覆詮解闡述，尊崇之意洋溢不盡，甚至連《史記》這樣的煌煌巨著，也不敢拿來跟《春秋》相比。

我讀著讀著，便想：名分，到底是什麼？正名，才不是搞什麼換名字、充名堂的把戲，它真正的意義，應該是在追問：「我們是誰？我們和這個世界應該存在何種關係？這些關係的存在基礎是什麼？」

譬如說，大家老說「君君臣臣父父子子」，聽起來像廢話，又像繞口令，它真正的意義究竟何在？

這其實是在追問：所謂君臣父子，這段關係是必要的嗎？如果是，它憑什麼存在，憑什麼維持，有什麼條件可以讓他存續發展？

就像父子，這關係看起來像是天經地義的，其實不是。如果這個爸爸不像個爸爸，把孩子當工具，當搖錢樹，這樣的關係還有價值嗎？

什麼「天下無不是的父母」，這種話要智障到什麼程度才說得出來？連討論都不必。我們就應該追問：這樣的一段關係，它的根本意義何在？存在基礎何在？又應該怎麼看待、怎麼樣安頓？

同樣的道理，為什麼要有君臣，君臣之義真的「無所逃於天地之間」嗎？如果這個君混透了，我們還要奉這個人當君嗎？

這些問題太重要了，不能不問。有許多古人其實已經答了，只是有更多的人假裝看不見，或真的看不懂。

我們看看孟子，那可真是前衛，人家問他：「臣弒其君可乎？」他說：「賊仁者謂之賊，賊義者謂之殘；殘賊之人，謂之一夫。聞誅一夫紂矣，未聞弒君也。」

什麼意思呢？弄死商紂王，不算弒君，因為他不是君，他傷仁害義、眾叛親離，是個「獨夫」。君者，群也。眾叛親離的「獨夫」既沒有群，怎麼能叫做君？這樣的豬頭，弄死他哪裏算是弒君？就是對付了一個渾人，才沒有弒什麼君咧。

這就是我說的追問。

孟子其實是在追問：君臣的關係，其存在基礎究竟是什麼？如果君不像個君，意味著這關係的存在基礎沒有了，那麼咱在他面前還要以臣自居嗎？

這麼一追問，發現這關係沒有存在的意義和價值了，那麼，還要這關係嗎？如果沒有這段關係，還有弒君與否的問題嗎？

對於君臣的關係，當年的魯定公曾經這樣問：「君使臣，臣事君，如之何？」孔子說啥？「君使臣以禮，臣事君以忠。」他答得四平八穩，非常客氣。因為，人家沒問到那個點兒上，他就只說個大原則。

等到孟子這個時代，君臣關係的變動、價值觀的衝擊都非常劇烈，他的話就非常見底：

「君之視臣如手足，則臣視君如腹心；君之視臣如犬馬，則臣視君如國人；君之視臣如土芥，則臣視君如寇讎。」

這些文字非常清楚，意思是：誰管你叫做什麼君，還是什麼王，若把我們的生命輕賤得一文不值，那你我之間的關係還有什麼維持的價值？要說關係，咱們就只剩下仇人的關係。

同樣的，世間所有的關係，存在基礎雖然各不相同，也都可以問一問，問它「憑什麼」，問它存在的意義和價值在哪裏。

弄清楚了，我們才能安頓這樣的關係，安頓好我們和這個世界的關係，我們的存在也隨之得到安頓，知道如何自處、如何處人，知道進退的基準和分寸。

因為這樣的追問太重要了，所以才要「正名分」。正名分，就是在追問「你是誰」，你在這個關係裡是個啥，到底可以做什麼、應該做什麼，於是才能知道，做什麼才是最高價值。

《大學》裡說：「為人君，止於仁；為人臣，止於敬；為人子，止於孝。」這樣一串文字，像教條，像唸咒，有時反而輕忽著就讀過去了。其實，這段話就是從「名分」來的。

弄明白這個名分，才知道要往哪裡去，知道做什麼才是最高價值，要「止於」什麼。

這些推究，都從「你是誰」的追問開始。司馬遷說《春秋》是在「別嫌疑，明是非，定猶豫」，這不就是追問嗎？所謂「人事之紀」，問到底，無非「你是誰」「咱們是什麼關係」而已。

追問的目的，是確認。既然是個君，你就得像個君，也只能像個君。要是濫殺縱恣，老百姓受了苦想造反，不殺你殺誰？所以太史公說：「君不君則犯，臣不臣則誅，父不父則無道，子不子則不孝。」一名不符實，就得付出代價。

這個君的身分，依情況可以換成臣，乃至父子、師生、友朋……，該追問的東西都一樣。總之，所有的名分之說，真正的意義，就是一場存在基礎的追問。

我們都知道，「春秋以道義」，春秋要講的，最重要的東西就是義。義是啥？宜也，應當做的事。可是這個「義」太抽象了，容易說到空處去，唯有先弄清楚自己是誰，關係是什麼，才有所謂的「義」可以討論。

「弄清楚你是誰」，其實就是正名，所以《莊子天下篇》說「春秋以道名分」。所以，什麼是正名呢？肯定不是符號學的問題，和「我們應該為他取什麼名字」沒有半毛錢關係，它其實是對存在、對關係的一種深刻的追問。

應該注意的是，這種追問不見得是關係的強化，有時候反而是關係的鬆動。

我們看太史公怎麼形容《春秋》的：「貶天子，退諸侯，討大夫，以達王事而已矣。」面對這麼混亂的局面，管你官有多大，孔子有在客氣的嗎？

一般所謂的迂儒之所以為迂，就是因為他只能認準關係，一味強化，所以會說「君要臣死，臣不敢不死；父要子亡，子不敢不亡」這樣的話。這不是正名分，只是名分的僵固化而已。

在薄弱搖晃的關係基礎上高喊任何口號，不管用什麼名詞名堂，都只是一場荒謬劇，不論是砍了頭，還是落了淚，最後頂多也就是唏噓兩聲，除了自憐自傷，別無意義。

因為真正該問的，是這段關係存在的基礎。弄清楚了，才能知道砍這頭、落這淚值不值得。

當我們問得透徹時，許多不必要的名分枷鎖也都鬆動了。當我們重新確認這段關係的本質時，也可能同時還原了這段關係的意義。

就像我們在學校，我總會想，我們真的算是老師嗎？如果是，憑什麼？那麼，怎麼樣才叫做老師？賈誼「自傷為傅無狀」，到底怎麼樣「為傅」才叫「有狀」？這不是一個很該問的問題嗎？這，就是道名分了。

以前，毓老師上課的時候常說：學生學生，什麼叫學生？「學」習怎麼「生」，也就是學習怎麼活。學生要幹什麼？無非是學習生之道而已，不幹這個，淨扯閒的，混吃等死，還叫學生嗎？這，也是道名分。

我總覺得，我們對語言文字的名相太迷戀了，反而離「正名」的本義越來越遠。現在提起《春秋》，好像就離我們非常遙遠，彷彿那就是老古董老掉牙又無感的東西。但是，會不會是我們沒抓到路子去認識它，所以才隔得那麼遠？

所謂正名，骨子裡根本就是求實，是為了確認這場存在的意義，確認這段關係的基礎，而展開的一場深刻的追問。

也許，只有這樣認識春秋，才能見出它的意義，才是能用、能實踐的思想。如果老是糊裡糊塗，人云亦云，跟著背那堆名詞，還不如看看「夏冬」就好，就不要再提什麼「春秋」了。

〔案〕金庸的《鹿鼎記》裡面，韋小寶說了這麼一段話：「大家都是王爺，自然都看《春秋》。不看《春秋》，難道看夏冬嗎？那夏冬是張飛看的書，莽張飛有勇無謀。沐王爺是天上武曲星轉世，和關王爺一般，只看《春秋》，不看夏冬。」

孔、老、莊的道

認真的孩子來問，「孔子、老子、莊子之道，有何不同？」並寫了一點練習，請我看一下。我做了一點回應，算是粗略地說一下，內容肯定不能當做考試的範本，只是為了疏通理解的方便，拉拉雜雜的略做漫談，底下是我回答的內容——

孔子的道，用「忠恕」來詮釋，我想還算是可以的，但要留意，《中庸》裡說：「忠恕違道不遠」，它只是不遠，並不即是道。所以這個詮釋是「為了方便而說」的，但不算是究竟的。

另外，你接下來的詮釋內容只針對了「恕」，完全略過了「忠」，這樣講，少掉了一半，就不能算完整。最後，詮釋的時候，語言的表現要避免太浮泛，倒不是說不能用白話來寫，但語言本身的力量要足。比如說，如果要談「忠恕」，是不是可以考慮用「成己成物」這樣的概念和語言去詮釋？這樣會比較扼要，也比較精準。

孔子言性與天道，不在抽象概念的探討，《論語．公冶長》裡就有一句，是子貢說的：「夫子之文章，可得而聞也；夫子之言性與天道，不可得而聞也。」所以，孔子所說的道，是在平常日用之間，講生命力的發用和踐履，講物我之間的感通和滋潤，講生命的安頓和成全。

孔子所說的道，是從「法天」而來的自覺，意識到「生命應該是怎麼回事」。《論語．泰伯》說，「唯天為大，唯堯則之」，他提醒我們，得像堯一樣，學那個最高的天。那學天的什麼呢？首先是學充實飽滿，剛健不息，如《周易．乾卦》的文言說：「天行健，君子以自強不息。」生命要能自覺踐履，而剛健不息，從而參贊天地之化育，「四時行焉，百物生焉」。

其次是學它的「無私」，就像《周易．乾卦》裡說的「大人者，與天地合其德，與日月合其明」，如天無私覆，地無私載，如日月無私照。尸子曾經讚美孔子，說「仲尼尚公」，其義就在於此。剛健而無私，這是「法天」在儒家思想中的重要意義。

再其次，是「生命跟這個世界的關係」。孔子理想中的聖人，最可貴的是「通天下之志」，要通天下之志，才能談到「定天下之業，斷天下之疑。」所以要能感通萬物，「感而遂通天下之故」，像《周易．繫傳》裡所說的「通德類情」，這樣才有可能做到「智周萬物」，而「道濟天下」，那也就是人一輩子最值得努力的事情。

最後，是「生命要把自己造就到什麼地步」。《周易．乾卦》裡說，「知進退存亡而不失其正者，其唯聖人乎！」在變動不居的世相中，得知道「不可為典要，唯變所適」，找到最恰當的安頓和成全，才算是先時而行，這是孔子對道的具體實踐，所以孟子讚美孔子，說他是「聖之時者」，這也就是儒家的種種修練，最後要到達的程度。

老子的道，你說它「比較複雜」，其實它不算是「複雜」，而比較算是「抽象」。如果要形容老子所說的「道」的特點，當我們把那些奇妙的形容詞放在一起時，要特別留意它們之間有沒有因果關係。比如說「無形而無法捉摸」和「成為永恆的存在」之間，其實是沒有因果關係的。老子之道，並非因為「無法捉摸」所以才「永恆存在」，這一點要注意。

你從「創生」的意義來講老子之道，我覺得是可以的，所引「道生一，一生二，二生三，三生萬物」的原文也是適當的。但要談老子的道，還可以注意另外一個面向，就是道的規律。

《老子》說：「反者，道之動也。」道的運動變化，時常有歸返或相反的現象，萬物的變化，時常是「有無相生，難易相成，長短相形，高下相傾，音聲相和，前後相隨」的。

老子對於道做這樣的觀察和理解，其意義在於找到宇宙運動變化的規則，並善用以自處，也用以長養萬物。正因為掌握了運動變化的規則，所以才能「知其雄，守其雌；知其白，守其黑；知其榮，守其辱」，從這裡找到安身立命或經世之道，就像他說的「侯王得一以為天下貞」。

所以老子的「道」，有客觀規律義，和孔子的道德實踐義不同，他所談的道，在於發現或洞徹萬物變化的內在規則，並由此找到解決問題的關鍵法門。這也是為什麼老子之學，在後代的政治、軍事等社會實務的操作面，都會有比較大的影響的原因。

莊子的道，你從「無所不在」的角度去談，我覺得是可以的。一般哲學界有個說法來形容老莊之道，就是「超越性」和「遍在性」，它既超越於萬物之上，又遍在於萬物之中，這個說法可參考。但用「清虛渾沌」的形容詞去稱說莊子之「道」，恐怕不太適合。如果它被侷限在清虛的形容裡，那麼，混濁的地方還能有道嗎？這就和道的「遍在性」會有衝突。所以這裡要留意。

就道的「超越」與「遍在」來說，老子也說過「獨立而不殆，周行而不改」這樣的話，所以莊子在這個部分，可以算是繼承老子的思想。但是要留意，莊子對道的認識，並不在對規律精確掌握之後，找到對治和解決的精密方法，而是在洞悉這些規律之後，「依乎天理」、「因其固然」，順任它，其精神超越於世相之上，貴在「安時而處順」，好讓「哀樂不能入」，以遊於大化之中，這裡面有一種審美的心理境界。

老子還在萬物相反相成的面向中，找到掌握和處理的準則，所以才有那些「知」和「守」，而莊子則連這些面向的對立，也要一併超越而解消，從而齊一物我，契入精神的絕對自由之境。

所以莊子對於後世，在政經和社會實務的操作上，比較少有影響，而在藝術創作和精神修養的工夫上，影響特別深遠。

以上是對孔老莊三人所說的道，做一點點簡單的區別。

得天下英才而教育之

有朋友傳了一篇討論孟子的文章給我，給了我許多支持和鼓勵。我稍作一點補充，以答謝朋友溫暖的分享。

他傳的這篇文章，文筆很好，但論述時忽略了一個很重要的點──「得天下英才而教育之」，為什麼是君子的「三樂」之一？

現代的人讀古書，略有些聰明才智的，好像總難免會「以今臆古」，或「藉古人酒杯，澆自己塊壘」。讀書嘛，既是拿來用的，只要有好處，怎麼用都行。但有一點不能不注意，就是要努力理解古人，不能只說自己的感覺。因為我們自己覺得懂的東西，有可能只不過是自己的臆想而已。譬如說這篇文章，說：

「得天下英才而教育之」，孟子這句話背後還有更重要的意涵需要我們去思考。英才英才，我們最該給予這些英才的教育，實在不是高人一等的知識，而是更多的社會關懷與道德思辨。

「孟子這句話背後更重要的意涵」是什麼？是「社會關懷」？「道德思辨」？真的嗎？孟子是這個意思嗎？那麼，這為什麼是「樂」？為什麼是君子的「三樂」？而且是超過「王天下」的樂？

這可能就是臆說──光想著要說自己的話，可能沒有考慮孟子講話的語境和脈絡，只是藉孟子來說說自己的意見而已。

我前面說過，「社會關懷」、「道德思辨」這些東西，當然都可以講，講出來的話若對人有幫助，也都是好事。但既打了古人的名號，擺出解讀古書的態勢，一定要尊重古人，盡量看懂古人說話的背景和脈絡，努力理解古人想要說的到底是什麼。

孟子說的是「樂」，只列了三條，而且最後特別聲明「王天下不與存焉」，表示這是他深心所繫的東西，是會為他帶來最大的愉悅、滿足或幸福感的東西，那是連「王天下」都比不上的三件事。

第一條是天倫，「父母俱存，兄弟無故」，是生命親厚緊密的牽繫得到滿足。

第二條是自我安頓，「仰不愧於天，俯不怍於人」，內外通透，有坦蕩充實的快意。

第三條就是「得天下英才而教育之」。那是什麼？看到「教育」兩個字，現代人的腦袋就用自己的想法套進去，以為真的就是在講我們所認知的「教育」了。

如果是這樣，那不教書的人怎麼辦？他們就沒有第三樂了？喔喔，所以天下只有當教師的才能享受孟子說的「君子三樂」？

一旦鑽進「教育圈」裡，去談「君子三樂」，說來說去，就難免越說越窄了。窄了以後就只好拼命往裡面塞東西，表現獨到的見地，表示古人其實還有這個和那個，開始說自己想說的，然後那些東西就都套在古人頭上了。這就是「以今臆古」的缺點。

我並不是說「得天下英才而教育之」和教育完全沒關係，而是說，一開始我們就不該把這話放進現代人認知的「教育」圈子裡，而應該追問孟子說的「教育」到底是什麼意思。

在孟子的時代，沒有現在這樣的教育制度，他說這些話，也絕對不是說給教書匠聽的。

我們寧可認為，他是對天下的讀書人說話，說給天下的士大夫聽。天下的士大夫當然不見得都在教書，甚至可能大部分都不是教書的，那麼，這話對他們的意義何在？

在慧命，在事業。

為什麼說慧命？《論語．子罕》有一段話：「**子畏於匡，曰：『文王既沒，文不在茲乎？天之將喪斯文也，後死者不得與於斯文也；天之未喪斯文也，匡人其如予何？』**」斯文不喪，就是有慧命相續，讓後死者，也就是未來的人類可以「與於斯文」，參與這豐富燦爛的文明。對儒者來說，後繼有人，斯文未喪，這就是人間的至樂。

為什麼說事業？天下所有偉大的事業，都不是一個人能夠做成的，都需要眾人合力，也都需要接續不斷。造福天下百姓，是最大的事業，必要著眼於未來，找好接班人，這事業才能做得成、接得下去，才能真正造福百姓，而不是及身而亡。對儒者來說，代代相因，造福之力累疊相續，這就是人間的至樂。

而不論是慧命、事業，都要找人接下去。找到對的人、能把東西接下去的人，那就是英才。找到英才以後要幹嘛？《禮記》說：「**善教者，使人繼其志。**」這英才必須能夠繼其志，繼續把這個志業幹下去，繼續造出福祉來，那才是教育他的真正成果。

所以說，「得天下英才而教育之」的意義，是自己生命的理想並沒有斷絕，那把熊熊的生命烈焰，繼續燒下去了。

人類的生命太短，最大的奢望就是不朽不死，這雖然難以達成，但只要那把生命之火繼續燒下去，生命雖絕而慧命不絕，肉體雖亡而事業勃興，此所以為至樂，此所以「王天下不與存焉」，連稱王稱霸的快樂都比不上。

所以，「得天下英才而教育之」，根本就不是什麼教書教到聰明學生、優秀學生。這層次差得太遠太遠了。會這樣想，是因為我們很難避免，想來想去總想到自己，想的是教書匠教到資優生多麼開心，想的是教到厲害的人多麼得意。

會這樣想，是因為我們根本不知道孟老夫子那樣的人，做的到底是什麼樣的夢想。

天地不仁

小時候，媽媽曾教我唱過一首歌，歌詞是這樣的：「大道無形，生育天地。大道無情，運行日月。大道無名。長養萬物。吾不知其名，強名曰道。……」

小時候的記憶力很好，雖然不知道那是什麼意思，但全記住了。長大以後，才知道那是〈太上清淨經〉的經文。我對於空泛的宇宙論，其實沒有太多感覺，但是「大道無情」四個字，卻慢慢印在了心裡。

走在馬路上，看到匆匆經過的人群，或走進教室裡，看到愁眉苦臉的孩子，甚至有時候回家走進浴室，看見鏡子裡疲憊不堪的自己，我總會心中一警醒，苦什麼，這些人為什麼臉這麼苦。

我們的生活裡，好像總會有一種時候，覺得悲傷、怨憤和不甘心什麼的，這時候在心理上，好像就在等個什麼東西來救贖來報償，以為苦著臉，哭，或憤怒，可以等來一點什麼。

如果等不來，就覺得應該消耗一點什麼、糟蹋一點什麼，出氣、賭氣、泄憤。反正不好，那就破罐子破摔，壞個夠。

我在這麼歸納和批評別人的時候，卻發現自己也有類似的問題。苦的時候想哭，像小孩子撒嬌使氣一樣的，等著一場公平的補償或回報。鼻酸酸地等，哀戚戚地怨，等老天爺或誰給我彌補。

當然，多數的時候沒有彌補。人生無常，不只是好的無常，壞的也無常，好的會過去，壞的也會。壞的過去了，偶爾會有好的來，感覺就像是補償了什麼，可是好的還是會過去，甚至曇花一現，我們心理上難免害怕它過去，又害怕壞的再度來臨，於是總在憂懼中度日。

這才明白《論語》為什麼特別要強調「不憂不懼」，那是真正的大題目，生活裡的重要功夫。這一關不過去，就一直是小人，上不去。

前一陣子看修真小說，時時心中一動，彷彿若有所悟。那主角雖然天資聰穎，際遇過人，境界不斷提升，但他提升前，提升後，時常會遇到要命的挑戰和傷害，讓他非常傻眼。

當然，除了傻眼，悲憤交加什麼的也都有，但在修真之路上，人畢竟孤獨，事實畢竟殘酷，天地不仁，大道無情，人要嘛死，要嘛活下去，沒有哭泣悲傷抱怨賭氣這類事情，因為沒有時間。沒等哭完，或受傷或遇害，壽元已盡，也不用哭了。

我們的問題就在於，我們總以為有很多時間，彷彿我們還要活一萬年似的，有很多時間和力氣可以抱怨。

我們總以為有個正義之神，手拿公平量尺，為我們一生的得失精準計算，多不退，少要補，總之要還我公平，不然我就哭喔。

但並沒有這樣的東西。公平正義之神？沒有。世間的公平，不在結果的一致，而在於每個人面對的一天，都是二十四小時，要怎麼面對它，可以自己思考和做決定。自己種因，自己嚐果，只有這個是公平的。

奢望公平大神的降臨，只會讓我們更軟弱，更怨怒，更浮躁。抱怨和憤怒，大概不能算是什麼好的因，有因就有果，或許，就這麼等來了更多「不公平」的結果。

天地不仁，以萬物為芻狗。芻狗是乾掉的稻草，至輕至賤，而我們這貴重無比的生命，在天地規則前面，卻和芻狗沒有什麼兩樣。老天爺不會特別捨不得誰，特別去庇護保佑誰，如果有誰得了庇護保佑，是他自己的心念和因緣所致，不是因為可憐而招來疼惜。

好人應該要有好報嗎？有，守住自己的心念，心念不亂就是報償；破除愚痴的無明，不受無明宰制就是報償。報償來自我們自己種的因，自因自果，不是來自公平大神的施捨。

天地不仁，大道無情。

古人總說法天，但效法天地，並不是學習它沒有情感，是明白它沒有偏私，明白了，就能不昧因果，知道什麼是自作自受，自求多福。

龍德

高中課程裡，偶而總會遇到「隱居」這個主題。

孔子之前就有伯夷、叔齊，孔子那個時候有長沮、桀溺、楚狂接輿、石門晨門、荷蓧丈人、荷蕢而過孔氏之門者。再往後還會遇到鼓棹而去的漁父、「歸去來兮」的陶淵明、「傲殺人間萬戶侯」的白樸。隱居好像很「高尚」，但歷史上也有隱居終南山以為仕宦捷徑的盧藏用，隱居成了沽名釣譽的手段，和「高尚」沒有什麼關係。至於國家昏亂、百姓受苦的時候，大家都隱起來，這樣真的好嗎?也是一個問題。所以，為什麼隱，怎樣才是隱，什麼情況隱，大概都是要好好分辨的。

《易經》乾卦初爻裡，有一句「潛龍勿用」。潛，有潛居、隱身之意。因為沒到時候，就算有龍德，還是得隱，就像「龍之蟄乎地中者也」。這是識時的智慧，也是收斂的修養。以前孔子有「用舍行藏」之說，他讚美過顏回:「用之則行，舍之則藏，唯我與爾有是夫。」所謂「舍之則藏」，「藏」字當然是一種修養工夫，能夠藏得住，所以才能夠「人不知而不慍」，才能夠「遯世無悶，不見是而無悶」。這種時候，就是要「遵養時晦，居易俟命」。

道理是這麼說，不是很難懂，只要懂一點儒家的思路，解說起來也很清楚，但其實不容易。

在理性上我們都知道:時候沒到，咱們就該隱。那麼，我們可能要回答另一種質疑:理想就在那裡發光，生命有限，人為什麼一定要「隱」?隱是一種個人偏好、生命情調，還是應時的選擇?

時勢變動不居，說要隱，就真能「隱」得了嗎？要說識時，什麼樣的時候才是真的該「隱」？所謂隱者，會不會只是迫於時勢，不得不「隱」？他們究竟是因為不能表現，還是不想表現？為什麼不能，為什麼不想？

接著，我又往前想了一層：「隱」，只是因為時候沒到嗎？沒有別的考慮嗎？譬如說，也許他們看得更透些，這個時候表現，根本就是給自己惹麻煩？只有「隱」才能擺脫那些利祿的糾纏，斷絕各種利害的牽扯，「隱」可能是要去掉什麼，並不是不得不然的被動形態，而是一種主動的、必要的選擇，裡面或許有深遠周密的考慮。會不會是這樣？

如果是這樣，隱顯之間，可能有一體的連帶關係。也許，「隱」得好的人，「顯」的時候才能夠好，不能隱的人，到顯的時候也不太行。隱可能也是練工夫，「用必待時以養其德」，是這樣嗎？

會想這些問題，自然和自己過去的閱歷、心路歷程乃至先天氣質都有關。

高中以後，漸漸接觸了道家思想，對於隱者的世界，一直有說不出的好奇和嚮慕。但某種意義上，自己又其實是一個有點「熱中」的人。當然，我們不是那種一望而知的熱中，自己關注的事情也許和別人有什麼不一樣，呈現出某種莫名的孤高和冷僻，但好惡畢竟強烈，也不恬退。我懷疑，那不是真正的隱者心境。

我們閱讀這個世界時，受到隱者吸引的，有時可能是「傲殺人間萬戶侯」裡的那種氣味，那是「隱」嗎？仔細聞聞，裡面好像還是有一種熱中的氣味，還是在乎。

當然隱者很多種，《神雕俠侶》說「傲視公侯、獨往獨來」，也未必就不是隱者。我自己心境沒到那地步，也不具備那樣的氣質，說到底，還一直在人類社群裡求得某種肯定，只是所求的圈子也許小一點，自以為小眾，對主流價值保持一定的抗拒，如此而已。但「需要肯定、還眷戀依附在某種價值體系裡」的這個現象，卻和別人都是一樣的，沒有什麼根本的區別。我們自己熱中，不能說人家也熱中，說人家不是隱者。

但我想，更徹底的隱者，會不會連這個「傲」字也沒有？

譬如說《楚辭》裡，和屈原對話的那個漁父，被屈原用「安能以皓皓之白，而蒙世俗之塵埃乎」搶白了一頓，他只是莞爾而笑，鼓枻而去，嘴裡還亂唱一通：「滄浪之水清兮，可以濯吾纓；滄浪之水濁兮，可以濯吾足。」一歌辭就算了，令人玩味無盡的是最後的結局：「遂去，不復與言」。裡面好像有一種態度，就是無可無不可，你覺得好就好，你怎麼說都行，沒有非得出一個什麼結論不可，我們這就不說了唷！然後就消失在遙遠的天際。

隱者，有永遠不出來的，就像這個漁父。或者孔子那個時代的長沮、桀溺、楚狂、陸通……總之太多了，他們偶爾露個臉把人家（還是聖人等級的）嘲笑一下，然後就躲起來，永遠找不到了。

但也有隱一隱，被叫出來，還大刀闊斧幹了一場才收山的。這種隱者就很驚人了。姜太公七十幾歲在渭水邊釣魚，釣著釣著就釣出了周文王，釣出了一個新朝代，後代尊之為「武聖」，連關公和岳飛都還只能在旁邊陪祀，這種隱者太神奇，怎麼追也看不到車尾燈，仰之彌高，不說也罷。

再如張良，犯了造反的重罪，逃匿於下邳，這當然是不得不隱。可被劉邦請出來，幹了一場驚天動地的大事業，事情一完成，趕緊金盆洗手，再度隱居，怎麼找也找不到。湖南的張家界狂打張良觀光牌，說張良後來躲到湖南了，所以那兒稱為「張家界」，這些生意人不管怎麼說我們都否認不了，因為沒人知道張良躲哪兒去了。這種人的「隱」，就有點不一樣了，他隱居起來，可能肚子裡也裝著一個大宇宙，在那裡經天行地的運轉，要不然，怎麼能夠要用世就用世，都不用做個功課惡補一下？

這類的人好像不少。諸葛亮不是躬耕於南陽，每天睡大覺嗎？怎麼人家來個三顧茅廬，他就貼出了天下形勢圖，說：「將軍欲成霸業，北讓曹操占天時，南讓孫權占地利，將軍可占人和。」還建議劉備取兩川之地，鼎足三分。欸，這個人不是種田的嗎？他平常種田都在想啥？這種「隱者」，腦子是不是從來沒停過？再如劉伯溫，元末天下大亂，他是隱居了。可人家朱元璋一找他，問問天下局勢，他就拿出了「時務十八策」……欸，不是在隱居嗎？怎麼把這個世界弄得那麼清楚，比當官的還清楚。這怎麼回事？

這樣看來，所謂隱者，大概都不是純粹地睡大覺。

孟子有一段話很有意思，他說：「禹、稷、顏回同道。」又說：「禹、稷、顏子，易地則皆然」。這種思想，真是開天闢地，從來沒人這麼說，可細想又有點道理。顏回一輩子沒做官，是隱；禹、稷成了大人物，是顯。在孟子看來，他們都是同一種人，換個地方讓他們待一待，他們會完全變成對方的樣子。換句話說，隱者顏回，可以成為厲害的帝王；禹、稷則可以做到簞食瓢飲，在陋巷，人不堪其憂，他也不改其樂。

這當然是沒辦法證實的，因為歷史不能假設，不能重來。但這個思路很珍貴。在他看來，所謂的隱者顯者，只是所處情境、所在立場的差異，他們需要的工夫都是一樣的，都得進則救世、都得退則修己，都得練工夫，誰也不偷懶。

回到開頭提出的「潛龍勿用」。我們之所以會感到痛苦不安，是因為我們的工夫不夠，「想要表現」的這個念頭，可能只是主觀欲望，或者參雜了主觀欲望，不是順應純粹客觀環境的需求。因為不被肯定、無法表現，而覺得挫折不安，也許是那個「小我」在起作用。若只是應世而出，可進可退，或許就沒有那些難堪。

乾卦裡說：「**龍德而隱者也**。」這句話是說龍德能隱，若倒過來理解，就是：正因為龍德不足，所以才不能隱，所以隱了或被否定了才會痛苦不安。

龍德不足，就不是真龍，就「潛」不了，遯世有悶，不見是有悶，人不知而有慍。這樣的假龍，就算「出潛離隱」、「見龍在田」，乃至「飛龍在天」，痛快是痛快了，可那個時與位都成熟的時刻，自己的工夫卻沒成熟，那龍就算飛起來，高度也有限，過了一定的時候，還得摔趴下來，「亢龍」更得「有悔」。如果是個假龍，還非得要「亢」一「亢」，那就悔之無及了。

所以，說到底，人還是得認識自己，不斷地認識自己。是不是龍，就問自己每天時時刻刻都裝著什麼念頭，都做了多少工夫。念頭如果不純，工夫如果不夠，不論在哪一爻裡面，都有不痛快的機會。不痛快沒關係，解決這些不痛快，靠的都是心的工夫，先把自己的心洗乾淨，從這裡開始。

取象

昨天的武俠課，同學報告的是「降龍十八掌」。

這對她們來說，其實是一個很難報告的題目。「降龍十八掌」的名目幾乎都出自《易經》，那裡面的含義非常古奧，看武俠小說的人多半只取它古雅神秘的美感，很少有人會花力氣去追究它。因為時代久遠，文辭上本來不好理解。

金庸自己在小說裡倒是對其中的「亢龍有悔」做了一點解釋，但也僅止於他想像中的武學。他說：「掌法的精要不在『亢』字而在『悔』字。倘若只求剛猛狠辣，亢奮凌厲，只要有幾百斤蠻力，誰都會使了。……『亢龍有悔，盈不可久』，因此有發必須有收。打出去的力道有十分，留在自身的力道卻還有二十分。」

但這些詞語在《易經》中的原義，其實並非如此。小說中對於經典原義，又未多作解釋。這麼難的東西拿來當作報告主題，真的需要一點勇氣。

這些內容對一般受過高等教育者也有難度，何況是她們才剛剛升上高一？說起來，她們已經很努力了。每一掌的出處，她們都找出來，細細加以解釋，看得出真的花了不少時間找材料。

但也聽得出，那些內容對她們來說仍然太隔閡，說是說了，但說不出生命力，講不出感覺來。

她們只能盡量理解她們找到的材料，努力複述出來，但聽的人一知半解，自然也不容易進入情況。

所以，這種時候，我就要給她們多做一點補充了。這也是我在這門課裡比較想做的事情：藉淺說深，藉小說講經典。

以前有人說，金庸小說是「寓文化於技擊」，我想，我們的課程用意也有點像，像是「中國文化入門指引」。他們的報告，總難免會講到醫學、武學、美學、佛學，還會講到《易經》，這個時候也許我可以給她們一點基本概念，希望可以引起一點興趣。

我首先解釋了一下什麼叫作「易經」。

「易經」也稱為「變經」，講的就是變化之道。它本來是卜筮用的書，古人用來占卜吉凶禍福，並作為進退取捨的參考。所以有「連山易」、有「歸藏易」、有「周易」，據說從夏朝開始，就有了卜筮的方法。

人活著，所有的動靜言行其實都是選擇，每一個選擇都決定了他下一步的吉凶禍福。卜筮就在教人做決定，這裡面就有安身立命之道，參悟透了，漸漸就能預知吉凶禍福，所以從孔子的時代開始，就說「不占而已矣」，它從「卜筮之書」進化成了「義理之書」。

以前的人認為《易經》是「五經之原」，又說它是「智海」，從裡面可以汲飲無盡的生命智慧，勘透萬物變化之道。累積了一定的工夫，就漸漸能夠「知進退存亡，而不失其正」，把這個力量用到底，就是「智周萬物，道濟天下」了。

可是天地萬物的變化那麼多、那麼複雜，一本書裡怎麼可能全部窮盡它？照〈繫傳〉裡面的講法，它是「範圍天地之化而不過，曲成萬物而不遺」，再複雜的事情，據說在裡面都可以找到答案。那麼，它能夠以簡御繁，用簡單的關鍵詮釋複雜的變化，原因何在？

在「取象」。

《易經》的基本單位是爻，一個陰爻一個陽爻，就代表了天地變化中的核心概念：兩性，可以代表男女、高低、動靜、剛柔、明暗、強弱……，這其實就是「取象」。

人處天地之間，上有天下有地，而人居其間，成了天地人三才之位，這個基本構成就叫「卦」。古人仰觀俯察，在自然界裡捕捉了八個具有代表性的畫面，用以表現萬物變化的八個基本情況，這就是「八卦」。

所謂「八卦」，也是「取象」的智慧。

周朝以後，據說周文王將八卦重疊排列組合，從三畫卦相疊而變為六畫卦，就成了六十四卦。爻有爻象，卦有卦象，局部的一爻一爻，組成一個個整體的六畫卦。這六十四卦就分別呈現了生命在各種環境的樣態、處境，特別是各種對待力量的交互作用。卦與卦之間有錯有綜有反有對，又表現了時間流中隱含的變化之力。

這些樣態和變化，靠什麼表現？還是「取象」。

「取象」當然是困難的，這裡面要有驚人的高度智慧，才能取得精準，取得傳神。精準傳神，推演時才能意義深刻，切於實用。

《易經》中最特別的兩卦，是最開頭的「乾卦」和「坤卦」。它表現的幾乎不是生命的個別處境，而是所有個別處境中的共通性，或者說內在的核心能量。像純陽無陰的乾卦，表現的就是萬物肇始的原初之力，更具體一點來理解，就是天地間的創造力。

那麼，這種渾然剛健不息的生生力量，要用什麼「象」來表現？

當然是龍。「龍」在現實中不可具體得見，但在想像中則是陽剛之力的極致表現，表現了天地間至大至高的變化能力。

據說曹操煮酒論英雄的時候，有一段對龍的描述，非常鮮活：「**龍能大能小，能升能隱；大則興雲吐霧，小則隱芥藏形；升則飛騰於宇宙之間，隱則潛伏於波濤之內。**」

龍乘時變化，正如人乘勢而行，裡面含著生生不息的創造力，還有透視、掌握趨勢和融入環境的力量。

同樣是龍，千變萬化。這一卦裡的六個陽爻，分別呈現了不同的時間相，也相應地呈現出生命知幾識微的處世智慧。所以當「陽剛處下」的時候，有「潛龍勿用」之象，是為初爻；當德施普博的時候，有「見龍在田」之象，是為二爻。

從下卦到上卦，如同渡河而進，將渡之前、甫渡之後，都要做特別的準備，所以下卦的三爻有「終日乾乾」之象；上卦的四爻有「或躍在淵」之象。

等到這幾步工夫都做足了，最適合用事表現的時和位就來臨了，那就是「飛龍在天」。但天下事都是「盈不可久」的，等到「貴而無位、高而無民」之時，「賢人在下位而無輔」，那就「亢龍有悔」了。

人最難的，是知道自己是什麼，能做什麼。認識世界不容易，認識自己更難。我們有時把自己看得太扁，有時卻又看得太高。以為自己是龍，卻未必有龍的德行，何況真正的龍德，也有各種不同的時與位，裡面的變化太多了，該練的工夫一層也不能少。這是經文裡留給我們的提醒。

乾卦，是個純陽無陰之卦，金庸取它這一層意思，就說「降龍十八掌」是天下至陽至剛的武功，可見金庸對《易經》的內涵精神有一定程度的理解。

不過，乾卦裡有六龍，講究的是「時乘六龍以御天」，金庸卻說成了「降龍」，顯然把意思變淺了。武俠畢竟是通俗小說，這樣改更容易被讀者接受，倒也不必計較。

最值得特別注意的，是其中的「取象」。陽剛之極，為什麼是「龍」？為什麼不是銅牆鐵壁，或者硬梆梆的石塊、金屬？

卦裡的龍德，有剛、健、中、正、純、粹、精，不是特別指哪一個人哪一個物，而是穿過紛然萬象，指出其中最核心的生生動能，萬物資藉以肇始的那股純陽元氣，那是萬物的根本，那才是真正的陽剛之至。

武術裡不免陽剛，其中就常用「龍」的畫面。形意拳有龍形，一開始的起鑽落翻，就用上了龍的意象。稍晚的八卦掌，滾鑽爭裹，用的也是龍的意象，甚至稱為龍形八卦。《易經》裡用了這個取象，對後代影響深遠。

最後，我提到天下武術都有的基本招數：當胸這麼一拳，空手道叫做直擊，跆拳道叫做正拳，拳擊有右勾拳左勾拳，唯有中國人的拳術，不用這些方位名稱，用的還是意象。譬如陳氏太極拳，這一下就叫做「青龍出水」。光是這個詞彙裡的畫面，就有無窮的意味，足以讓人品嚐咀嚼，反覆體驗。

古人取象之精，展示了他們高明絕頂的智慧。我們學習這些古代經典，要看的正是這種超凡入聖的獨到眼力。

一節課裡時間不多，能講的大概只有這些。小高一年紀還那麼小，究竟能聽進去多少呢？其實我也沒有把握，那，就當做是種一點根苗吧。也許，將來因緣成熟，就長一點什麼出來了。

在別無選擇的時刻

《楚辭》的〈漁父〉篇，出現了一段隱者和忠臣的對話。

在故事的結尾，漁父鼓枻而去，飄然而隱，千古以來令人神往。這種隱者達乎天命，安時處順，置得失於度外，固然是一種超越的態度，只是這種態度說來容易，在時勢逼人的時候，未必真能如此瀟灑，盡如己意。面對排山倒海的陰暗力量，有時人可以做的選擇真的不多。

金盆洗手的江湖豪傑，在仇家上門時，除了引頸就戮和殺出重圍以外，還能有多少選擇？將世道清濁置身事外的隱士，當官府催逼、苛政殺人時，除了逃秦避難和揭竿而起，還能有多少選擇？隱遁山林，也許可以眼不見為淨，但逼上門來的虎狼秕政，避無可避時，無論是否揮刀困鬥，浴血掙扎，都要面對黃鐘毀棄的結局。

清朝末年，腐敗已成定局，康梁的戊戌變法不成，倉皇出逃，譚嗣同除了逃命，只剩下赴義一途。「望門投止思張儉，忍死須臾待杜根，我自横刀向天笑，去留肝膽兩崑崙。」兩種選擇，不論是去是留，只要無愧天地，都是肝膽照人的好漢。避難苟活，徐圖後計，當然是一條路；但臨難不避，昂然就死，也是面對青史的一種姿勢，他展示了生命力的激越和蓬勃，留取丹心，足以輝映百世。

回到屈原的時代。秦將白起揮兵攻郢的時候，楚國宗廟已毀，先王陵墓遭到踐踏，接著楚國的黔中地陷落，秦軍迫近了屈原的流放地。為免被俘，他只有橫渡洞庭，來到湘江北端。群小盤據朝廷，興復楚國無望，而秦軍的鐵蹄日近，國家的滅亡迫在眉睫。此時的屈原，是否還能放舟中流，高唱棹歌？

漁父能無往不適，自得其樂，是因為他看待人間興廢如戲，自不妨矯首遐觀，在天地混濁時，從容地抽身退步，遨遊山林。對屈原來說，那得先把國家興亡置之度外。但國家正是他的用情最深處，楚國的樑木將傾，百姓即將遭難，而他竟然不能作出任何改變。這樣的時刻，他還有多少選擇？

班固說屈原「露才揚己，忿懟沉江」。也許，屈原的露才不是為了揚己，沉江也不是只有忿懟。揚己和忿懟，就像是「自經於溝瀆」的匹夫匹婦，想的是自己，屈原的格局沒有那麼小。在國破家亡的前夕，自沉，彷彿是向天地昭告的儀式，訴說著對家國的深切鍾愛，還有玉石俱焚的悲傷。在寫完那些楚辭的篇章之後，那是他別無選擇時，用生命吐出來的，最後的聲音。

尾生之信

最近在上洛夫的詩：愛的辯證（一題二式）。看到愛的辯證，我忍不住想起給學生上〈漁父〉那篇時的經歷。

上〈漁父〉那一課時，我讓同學寫一篇文章，說說自己選擇要做屈原還是漁父、敘明理由。結果幾乎都是這樣：少數人佩服屈原，多數的人覺得他很傻，所以決定做漁父。這幾乎是壓倒性的結果。

我閱讀那些卷子的時候，總是感慨：佩服屈原的人雖有少數幾位，卻不太知道要佩服什麼，寫得很勉強。而決定選擇漁父的人，文字流暢多了，可理由總不外趨利避害而已，那些文字離漁父的境界，簡直遙如星辰。

所以，今天來看〈愛的辯證〉，如果也寫這個作業，結果會是如何？會有人選擇第一式，像尾生一樣抱梁柱而死嗎？我猜不會。大家連屈原都不想當，更不用說尾生了。

可是，如果是這樣，這「愛的辯證」還有讀它的意義嗎？尾生抱梁柱而死，那樣古老的傳說，在這裡也就是一場鋪墊、一段談資，如是而已。所謂的尾生之信，呆板得不知變通，究竟還有什麼好學好說的呢？

但據說，作者讀到莊子這一段故事的時候，心情大為激動，因而觸發寫作靈感。他知道莊子不是在談殉情，只是藉此批判世人為虛名浮利而任意輕生之不當，但他的創作動機，其實與莊子思想已經無關，他自述當時的激動是非理性的，就是直覺到「殉情之偉大」。

那麼，也許我們也可以問問，殉情何以偉大？

如果我們也像作者一樣，撇開莊子原來要說的意思，單就這場讓人「激動」的故事來讀一讀，那麼，也許我們應該試著排除那種趨利避害的成心定見，為這段故事找一點可讀可解的空間，看看那裏面有些什麼。

什麼是生死以之？對許多人來說，那些東西就是漂亮文字，並無實際意義，連作夢也不會有這樣的夢，自然談不到理解。

那麼，換個比較有質感的方式問好了，「衣帶漸寬終不悔，為伊消得人憔悴。」這被王國維列在大學問大事業的三境界裡面了，夠厲害的了，那麼，它究竟是什麼境地？

「憔悴不悔」這種東西的存在，想必有它的價值，有它值得理解和討論之處。所以，關於什麼是愛情，什麼是癡迷，什麼是用生命去付出，我們真的能夠知道嗎？如果我們對這樣的東西，沒有任何覺知感悟，只剩下「順軀殼起念」，哪裡談得到選擇？又怎麼能評論？

尾生抱柱而死，裡面除了愛情，還有個等待，堅貞至死的等待。

我們讀過那麼多的閨怨詩，裡面都會碰到等待。那些閨中的守候，那些漫無盡期的等待，乃至於通俗故事被形象化了的寒窯苦守，除了愚昧以外，是否真的一無足觀？

我在想，所謂等候，會不會就是一種宣示？用生命去等候，會不會其實是在實踐什麼？像他們這樣的人，這樣的行為，會不會是用生命去體現、實踐一種信念？

就某個意義來說，生命本身，其實虛幻。

那些我們所以為的真實，其實都在日日夜夜流轉、消蝕、遷滅。我們所以為、所期待、所相信的一切真實，隨時可能在大化的洪爐中被銷成灰燼，是為無常。那麼，在這一切的浮動無常的萬象之中，是不是只有信念被實踐、被證成的時刻，那些虛幻才終於粉碎，生命的真實才終於具現？

對一般人來說，等候是為了「等到」。當「等到」變得虛幻迷茫，等待就成為徒勞。這是因果的認識，是現實的考量，也是利害的算計。如果我們經過盤算，仍然決定等待，理由一定是更久以後的「等到」——總有一天等到你。

但對於尾生那樣的人來說，等候或許已經和「等到」無關。

對死亡的無視，對現實的鄙棄，對信念的堅持，只有這種超越性的力量，才是真正的生命實踐。他等待的主要理由，或許不是「等到」，而是：我答應過你了，就不會讓任何允諾落空——無論你來與不來，我都在這裡。

在這裡做什麼？在這裡用生命守住允諾，用不離不棄的實踐，來見證這場信仰——或許是對愛情，或許是對允諾。

那麼，我們是否有這樣的信仰？

且容我再讀一段惠特曼的詩：

> 啊！我！這個問題不斷重演的生命，在載運無信者的綿延車廂中，在充滿愚人的城市之中，身處其中的意義為何？啊！我！啊！生命！答案是：你在這兒，使生命存在，使其有一致性，使這個強而有力的戲演下去，而你能貢獻出一篇詩歌。

不知為什麼，每次讀到這一段，我的注意力老是被拉進那一句「載運無信者的綿延車廂」裡。這裡不只是充滿愚人的城市，還是載運無信者的綿延車廂。這許許多多的無信者裡，不只是沒有信仰，也許也沒有信念。

於是，在無信者的世界裡，尾生的故事只剩下荒誕滑稽的戲劇效果，不也是很自然的嗎？

生命格局

有一個好朋友問起一個問題，大概是這樣的：

關於提升學生的生命格局或者說生命境界，可以「教」嗎？怎麼「教」？（比如說講了伯夷之「義」，成就了自身的生命，但有人仍認為那是一種愚昧與自以為是。這樣的情況，教師是否可以怎麼做呢？）

或者，換個方式問：「如果學生一直用自己不成熟的自以為是，與世俗的觀點去評價特殊的人，這是喪失了認識人性（以及自己）可能性的機會。這很可惜。那麼一位教師能做什麼呢？」

我試著說說看，說不好，要請好友們多包涵。

前兩天剛好有學生來問有關〈漁父〉的問題，學生問說，屈原和漁父二選一，要怎麼選？結果我一說就說了一個半小時，我發現，原來這個問題要說的東西這麼多，而且還很怕沒說清楚。

我首先說的是，我以前講到〈漁父〉，也讓學生寫過這種練習。結果，學生一面倒，選漁父的大概佔百分之八十，或以上。但說真的，選漁父的大半都寫不好，因為看她們的文字，她們顯然多半搞不清漁父是怎麼回事。選屈原的呢？一樣也多半都寫不好，只偶爾出現一點少數例外的佳作。

這是為什麼呢？說句不中聽的，選漁父的，不論他們說了什麼，裡面的潛台詞其實都是：我貪生怕死、不想承擔、事不干己、聰明算計、人生享樂都來不及、我幹嘛死……。選屈原的呢？也不能太樂觀，潛台詞可能是政治正確、反正要愛國、人云亦云，要不然就多少有些矯情、熱血才有分數……諸如此類。

當然了，我這樣的概括，多少會極端一點，偶爾也會有比較好的作品。不過，大致有一個現象不會差太遠，就是多數的孩子既懂不了漁父，也懂不了屈原。因為懂不了，所以她們沒辦法評論，評論出來的東西，有時完全摸不到邊。

「漁父」這個人物當然可能是虛構的，連這一篇到底是誰寫的、哪個年代，也都有討論的空間，所以我們在討論的不是一個具體的歷史事實，而是在一定的歷史脈絡下，試圖理解某些價值選擇的可能背景。

從《論語》上那些個人物，什麼長沮、桀溺、楚狂……這一系列看下來，這些嘲笑孔子的隱者們，他們這樣批判或調侃，主要的理由可能是什麼？那楊朱呢？老子呢？莊周呢？他們的理由又是什麼？這些人的理由有沒有哪些可能是一樣的？又或者他們可能有各自的理由？那麼，這一堆我們連名字都無法考證清楚的人，我們真的認識他們嗎？

換句話說，「漁父」這個身影，裡面有無盡的疊影，這裡面可能就可以開好幾十堂生命哲學的課。如果我們對這樣的生命哲學一無所知，我們要怎麼來對這樣的人物進行評價、判斷，或做出價值選擇呢？這就是為什麼選「漁父」的多半都寫不好。因為她們完全進不去那個時代（也或者懶得進去），她們既對漁父一無所知，所以她們選的只是本能：我要活得更好、更爽，不要耍白癡、無謂犧牲。

喔對，她們也許說不清漁父，但她們總覺得自己應該可以說清楚屈原，反正從小吃粽子吃到大，屈原有什麼難的？就是愚忠啊，可憐哪（這句為什麼很耳熟）。人生的選擇那麼多，留得青山在，不怕沒柴燒，留得有用之身，將來可以幹嘛幹嘛圈圈叉叉，就算不幹嘛也應該要愛惜生命咕嚕咕嚕……，大致如此。

說真的，我也不懂屈原，跟他超級不熟。但如果我要來寫一篇，我可能會選屈原，如同我前一篇寫的〈在別無選擇的時刻——我看屈原〉。

但是我並不是要說我很了解屈原，絕對不是，這只是我在現有的、我看過的一點點材料裡面，稍微拼湊出來的，屈原的可能樣貌。而且，只是其中一種可能。如果不是在課堂上，而是在我的座位旁邊，跟我的學生說話，我就會更大膽、更直接地說，「我們根本懂不了屈原」。

我們能明白在屈原那樣的處境裡，他的生命信仰可能是什麼狀態嗎？我們自己的生命，又可以純粹到什麼地步？我們對譚嗣同這樣的人物，能做出多少「具有真實感」的想像？我們真的能明白「臨難不避，昂然就死」到底是怎麼回事嗎？

同樣的，我們也沒有資格說自己可以理解「抽身退步，遨遊山林」的漁父。因為，我們連「抽身退步」的資格都沒有。我們首先要有那麼一點「承擔的可能」，生命得真正進入了那樣的承擔情境，擁有那樣的意識、能力和能量，才有資格談要不要抽身。舉個例，我們從小就讀陶淵明，讀到後來，幾乎都以為自己要隱居種菜寫詩飲酒了對吧？但我們連一朵花都種不活，也不耐煩種，還陶淵明咧。

我們不但懂不了他們，連文天祥、洪承疇這種看起來最「典型」、最「好懂」的人物，我們也懂不了。文天祥殉國，沒有那麼當然，以死殉國，並非他的唯一選擇。他死前寫給嗣子，說的也是「姑全身以全宗祀」。我們需要有很多的「必然」加上非有不可的一些「偶然」，我們才有機會懂一點點文天祥。

洪承疇不是一開始就要投降，他那「樑間塵偶落，拂而去之」的故事，真讓人家嚇出冷汗，原來，我們每個人都可能是洪承疇，那個「忘八無恥」，「洪恩浩蕩未能報國竟成仇」的洪承疇。好，那我們可以回來想一下這個問題了——生命格局（或者說生命境界），可以「教」嗎？如果可以，怎麼「教」？

我想，還是可以教的，只是看我們對「教」的理解和心態是什麼。譬如說，當我前面歷數種種的困難時，看起來好像是要聲明「古人不可知」，但這其實就是一種「教」，當我們在說明古人為什麼「不可知」時，其實必須先介紹時代背景，說明他們的生命情境可能是什麼，面對的問題主要可能是什麼，做選擇的時候可能的考慮是什麼，在說明那些東西時，還勢必要找到一個順暢的脈絡去安放它。

可是，這個脈絡只是出於理解的方便，與此同時，還有種種不同的解釋可能。當我們把這個不同的解釋可能展示出來的時候，學生很可能就在這個時候學到了謙卑，學到一點開放性。因為，所謂的「謙卑」，並不是「假裝我很爛很友善以騙取社會人際關係」，而是我在說話的同時能「意識到我的限制可能是什麼」。於是，在這些「不可知」的基本認知裡面，我們其實也在逐步累積更多「知」的機會。

換句話說，我們對「教」的理解和心態，可能是這樣：

在學生面前進行一場探索的示範，開展一場可能的解釋方式。這樣的解釋方式就像「搭橋」，目的是便於學生「踩上去」，藉以進行想像和深入，試行某種同情的理解。與此同時，我們也示範著解讀的多義性和開放性。這其實就已經是「教」了。

但是，這和一般意義的「教」又有區別。至少，我們不是在進行一場封閉性的經典解釋，也不是在說服他們要學習這些聖賢(真的，不要亂學聖賢，連自己是誰都搞不清楚還剩什麼鹹，鹹死人不償命)。不論是知識上的權威，還是道德上的權威，都要在我們的手裡解消掉，我們最多就是在「試行理解」，我們能理解的本就有限，如果自知連理解都有一定限制，那麼，自然就不會把批判看得太輕率。

就以伯夷為例，那伯夷可能在想什麼呢？光是「扣馬而諫」，可能有好幾個解釋的路徑。譬如，黃宗羲說「妄傳伯夷、叔齊無稽之事」，他直接就否定掉了這件事。其他人呢？有的肯定了這件事的真實，可是認知的真實點又各有不同。有的人真的是認為「君臣之義無所逃於天地之間」，「桀、紂之暴，猶謂湯、武不當誅之」，這樣認識出來的伯夷，那……算了，不想說。可是也有人認為「以暴易暴，未見其可」，毓老師就是持這種主張。那麼，當我們在談「以暴易暴，未見其可」的時候，就生出一大篇東西，可以慢慢談了。

其中最有趣的一個地方，就是關於「乾淨」的堅持。有一種可能是這樣的：我們在「乾淨」這件事上有多堅持，我們就會對「暴力」有多排斥。如果我們從來沒有理解過什麼叫做乾淨，自然就沒有條件理解伯夷。大多數的時候，我們都為了方便、為了舒服，容忍各種程度的骯髒，也就容忍了各種程度的不義。

孔老夫子說得好，「可與共學，未可與適道；可與適道，未可與立；可與立，未可與權。」可是特麼的天知道「權」有多難！除了厲害到爆炸的極少數人以外，「權」出來的結果，不是「權謀」就是「權詐」，要多髒就有多髒，誰真的會「權」了？「權」都成了漂亮藉口好聽話，拿來營私舞弊妝點門面，裝裝君子裝裝聖人。那從一開始就乾淨到底的，到底是咋回事？我們可能連「想像的資格」都沒有，因為我們早就骯髒慣了，一片汙濁的腦子，怎麼想像得出「乾淨」到底是什麼？

所以，我們的課堂氣氛，或許可以帶著孩子進入這樣的醒覺：對於這樣的「乾淨」，我們可能很早就忘記了。因為，我們可能是這樣長大的——

譬如說，我只是趁熱先吃一口，怕東西涼掉嘛，誰教他那麼晚回來啊！沒東西吃怪誰？

譬如說，可以伸手就搶的玩具，為什麼一定要等爸媽從美國買回來呢？喔不，我沒搶，我只是先「借」來玩一下呀！他為什麼那麼小氣呢？

譬如說，考試的時候，稍稍往旁邊偷看一眼，就可以從第二名變成第一名，為什麼我不看呢？喔不，我真的沒有故意看喔，只是剛好瞄到，真的……

以此類推。為了活得稍微舒服一點，我們在那些灰色的空間裡，使上了多少的小聰明，沒有人比自己更清楚。像這樣在各種只圖方便的心理模式中長大的孩子，真的能輕易想像伯夷的「清」是什麼東西嗎？

如果能讓學生意識到這一點，也許就有機會讓他們給自己留出一點空間來冷靜思考，不會那麼輕易「用自己不成熟的自以為是，與世俗的觀點去評價特殊的人」或「批判人家愚昧與自以為是」了。

《易經》上說，聖人貴通天下之志。通志，那是多麼困難的一件事。感而遂通？對啦，《易經》上是這麼說的，可是，大部分的時候，都是不通的。我們連理解身邊的人都如此困難，又怎麼能輕言理解古人？唯有在認知到「理解如此困難」的前提下，我們才有那麼一點理解的可能。因為，唯有認識到自身的理解限制，又不斷地去檢驗那些限制，才能讓我們的理解減少誤區，理解才於焉開始，而且只是開始。

老師在做的事情，應該是拚了命去理解，並且承認、檢驗自己的限制，把這樣的理解誠懇地展示出來，給學生參考。但這些努力，都只是在設法提供學生理解的最大可能而已，而且只是可能。

以上是簡單概括一下教學者的一些反省，但同時，我們還要保留一種可能性，就是「有些學生是學不會的」，而且無論如何都學不會。

我們還是要認知到一件事：有很多學生從來沒有學過這樣的理解方式，他習慣並需要絕對而封閉的理解系統，他也慣於操作封閉的理解系統。有些學生可能只需要知識，遠超過什麼烏七八糟的

「生命感悟」。有些學生需要的是「最大效率」，就是在最短的時間內獲得「最有效率的答案」。更殘酷的是：還有些學生，無論你說什麼，他都是不會懂的，因為，他的條件還不夠、時間還沒到。

這些，可能都是我們要學習接受的事情。

我前一陣子上武俠課，談到張無忌被周芷若算計，對趙敏誤會最深的那一段。在我解釋完了各種脈絡和背景之後，同學上台報告，有少數仍然堅持「這就是渣男啊」，「男生打女生喔，很爛耶」，「沒問清楚就打喔，爛死了」。為什麼呢？因為，「武俠小說」有什麼難的？自己看就好了啊，幹嘛還要別人教咧。所以，老師說什麼，當然聽不見。

明朝的來知德解釋蒙卦的六三，曾說：「**六三陰柔，不中不正，又居艮止坎陷之中，蓋蒙昧无知之極者也，故有此象。占者遇此，如有發蒙之責者，棄而不教可也。**」

所以，如果學生聽不懂，或聽不進去，也不用因此覺得可惜。因為，那就是他的福德還沒有累積具足，我們勉強不了。那就得等一等，不能著急。

愛其身

上〈過秦論〉的時候，除了對秦的興起和滅亡進行歷史的觀照沉思以外，還有一個重點，就是對作者賈誼的生平、創作背景進行闡釋。

有關賈誼的詩文很多，裡面許多話都膾炙人口，流傳千古。讀到這些的時候，很多老師大概都忍不住跟著涕泣悲傷，事實上我也是。當我讀到「三年謫宦此棲遲，萬古惟留楚客悲」、「秋草獨尋人去後，寒林空見日斜時」的時候，我一腔酸苦，覺得悲不能忍。

既然悲不自勝，冤有頭，債有主，自然要找一個人來頂罪。這個人毫無疑問，就是漢文帝了。除了你還能有誰，就是你，「漢文有道恩猶薄，湘水無情弔豈知！」「可憐夜半虛前席，不問蒼生問鬼神！」……對，就是你。所以千不該萬不該，就是你害的，害人家空有沖天之志、蓋世之才，三十三歲就鬱悶而死了。都你啦笨蛋。

好了，罪魁禍首找出來了，痛罵一頓完事。賈誼呢，太可憐了，懷才不遇，所以？懷才不遇就是結論，沒有所以，完事。

這就是我最討厭中文系的地方，沒事就來個懷才不遇，然後連悲歎這種東西也可以當結論。欸不是，這麼搞法，那我們到底是要教學生什麼？教他們如果遇到賈誼那樣的處境時，就要好好寫幾篇東西，讓後代知道我們有多苦，是吧？還是咱們的工作就是同聲一哭，悲聲震於千古，這就叫情意教育，對吧？

照這樣看，紅拂女色藝兼絕，才華蓋代，卻屈身為楊素家妓，這簡直太懷才不遇了，太悲傷了，她應該終日號哭，以淚洗面，寫下自傷自哀之詞一萬首，讓千秋萬世都知道她的悲傷無奈，知道這就是一代才女的命運。對吧？

這什麼教學啊，真要命。

對這件事，寫得最好的評論自然是蘇軾。「惜乎！賈生王者之佐，而不能自用其才也。」一什麼叫自用其才？這話說得看似含糊，但實在精準深透。自用其才，就是想辦法讓自己的本事能夠派上用場。這話說得太好了，真是筆下有神，一句話就把事情全說透了。

紅拂女看到目標，先做好逃亡計畫、風險評估、說服策略，半夜出門，一出手就拿下李靖。半路殺出虬髯，闖進了蜜月香閨，她按住怒不可遏的老公，又拿下了虎視眈眈的虬髯客，一步步做功夫，不斷為下一步局勢創造有利條件，這就叫「自用」。

等我看到周某某〈蘇軾「賈誼論」別解〉，就噴飯了。

他的看法，賈誼是善於用己之才的。理由有二：一、賈誼能做官。二、賈誼能作文。然後底下巴拉巴拉講了一大堆證據，證明他「高度施展了他的才華」。

欸不是，「能做官」、「能作文」那就叫「有才」，不叫「自用其才」。蘇軾說老半天，就在說這個「自用」，真的有這麼難懂嗎？

人家蘇軾可沒說你賈誼沒有才，他不但說你有才，還是王佐之才，可是你那天大的本事，不是放在肚子裡就算了，要怎麼讓它真的放出來。「讓它真的放出來」不能光靠人家賞賜，得自己加把勁，所以叫「自用」。就這麼簡單。

然後底下說「蘇軾認為漢文帝是明君，在明君當政的時代還不被重用，那就是臣子自己不善於用才。」底下接著補一句「明君並非沒有冤假錯案」。我的天，這也是閱讀理解有障礙，太慘了。

蘇軾才不管你有沒有冤假錯案，他壓根兒就不期待漢文帝必須是沒有冤假錯案的明君，因為那期待太白癡了。蘇軾說「得君如漢文，猶且以不用死。然則是天下無堯、舜，終不可有所爲耶？」我幫他超譯一下：你遇到漢文帝這種七八十分的皇帝，你還因為沒被重用憋屈死了，那是怎樣？一定要遇到像堯舜這樣一百分的皇帝，你才能做事嗎？

這不是很簡單的文字嗎？怎麼就看不懂咧？漢文帝和堯舜做對比，就擺明了漢文帝不是堯舜，沒有那麼「一百分」。誰告訴你「明君沒有冤假錯案」了？人家蘇軾的意思很明顯，你不要期待非得遇到一個完美無缺的主子！如果一定要等到完美的主子出現，你才能夠好好大幹一場，那你就憋死吧你。啊不是，後面這句是我加的，人家蘇軾沒這麼狠。

底下周某又說了：「東坡先生還提出待與忍的問題。認為有王佐之才的人要等待機會，要忍耐，不要著急。這也是不切實際的說法。人生苦短，幾十年很快就過去了，應該只爭朝夕，機會難得而易失，不能錯失良機。既然得到皇帝的賞識，賈誼怎麼能不抓住這難得的機遇呢？」

這就不只是閱讀理解的問題了，這還是邏輯和見識的問題。人家不是叫你賈誼不要抓住這難得的機遇，你愛抓就抓吧，問題是人家不用你，怎麼辦？你儘管抓到死好了。人家不用就不用，這是你卯起來抓就能改變的嗎？

蘇軾所謂的「待」與「忍」，才是實際的做法。就是因為認清實際問題，知道「抓」死了也沒用，所以才選擇務實的「待」與「忍」。不是叫你不要抓，是抓死了也沒用，不如整點有用的。看懂這點，真有這麼難嗎？

最好笑的是作者舉董仲舒為例，說他「得到漢武帝的賞識，雖然等待了很長時間，最後還是寫了《士不遇賦》，而歸隱終老。沒有待出什麼結果來。」

是誰告訴你只要「待」就可以解決問題？漢武帝本來就是拿你董仲舒當門面，陽儒陰法，他從頭到尾都知道董仲舒是怎樣的人，他就是要用「這個方式」用這個人。招牌和骨幹的作用不同，董仲舒是招牌，沒打算真正重用。不對的人，你怎麼「待」都沒有用，那不是「待」的問題，是人的問題。人家說此路不行就得等，這也能一路滑到底，說這「待」其實沒用？

什麼叫「待」？「待」不是等死，得做功課。你有用，人家需要，這事才能成。你再有用，人家還不需要，或者雖然需要，但現在還不敢要，這時就得「待」，得一邊「待」一邊做功課。

孫子說：「先為不可勝，以待敵之可勝。」那個「待」字不是白等，人家忙死了，「可勝」只有交鋒破敵而已，「不可勝」包括道、天、地、將、法，裡面有做不盡的功夫。

舉個例子。那狼要撲殺獵物的時候，也「待」。牠一「待」就是好幾個小時，不動，那「待」是容易的嗎？他「待」得找對地方，得知道風向，還得弄清地勢，算好撲殺的距離，營造調虎離山的局勢，緩解對方的戒心，等獵物已經走到來不急飛奔回洞口的距離時，才出手誘敵。你看，最後出手時，還得誘敵！

你在家寫書、喝酒、長嘆、悲哭，那就是「待」了嗎？世界上哪有這麼爽的事？就是因為「待」不是混吃等死，所以蘇軾才為賈誼做了這樣的建議：「為賈生者，上得其君，下得其大臣，如絳、灌之屬，優遊浸漬而深交之，使天子不疑，大臣不忌，然後舉天下而惟吾之所欲為。不過十年可以得志。」

周先生卻說，「如果與絳（周勃）、灌（灌嬰）深交，就會同流合污。」並且說，「這是天真的想法，至少是書生氣十足」。

我的想法完全相反，他認定和絳、灌一交往就會同流合汙，這才是書生氣。若不是天真，就是假裝天真。

蘇軾的「深交」二字，不能用我們現代人的語感直覺去把握，要用上下文的關係去客觀理解。賈誼和絳、灌，當然不可能結為生死之交，蘇軾焉能不知？那個「深交」，是好好的接觸，取得他們的信任，或至少適度化解他們的敵意。這樣就同流合汙了？有沒有這麼容易「汙」啊？照這麼說，我們跟政見不合的人都不能好好接觸，一定要壁壘分明幹到死？到底誰才是天真的書生氣？

人家蘇軾說了，在深交前面還有個「優遊浸漬」，那就是時間空間的緩衝。你不能站在人家的對立面硬幹。要不然你看看那藺相如，他到底在跟廉頗客氣什麼？一股勁逼死廉頗不就完了嗎？

戰國太遠，再來個跟漢文帝近一點的例子好了，漢武帝就是個改革者，照你這麼說，他不但得跟竇太后對著幹，也得跟他媽媽王氏對著幹，她們都是既得利益者啊，政見也都相反，一定要壁壘分明，不能同流合汙對吧？時候沒到，你對著她們弄兩下看看，看看明天你還是不是皇帝。

喔不是，看看你明天是不是還活著。

你以為漢武帝劉徹是吃素的？如果不是非「待」不可，他用得著忍這麼久嗎？「待」這個字，這麼難懂嗎？

文章後面說：「賈誼與王安石有相似之處，他們都想經營四海大事，從來不考慮自身的安全問題，結果遭人陷害，導致失敗。如果有明君能夠信任他們，充分發揮他們的才智，肯定會做出一番大事業，功不在禹下。」

我有時候會忍不住想，這些讀書人寫文章到底是什麼目的。我很難相信大學教授腦子會這麼糟，我腦子裡浮起了「陰謀論」：他是要讓讀者相信他本人就像他的文章主張一樣清白可愛嗎？要不然，這都說的是什麼話呀？我的天。

王安石和賈誼沒得比，他的言語行事作風有重大的缺失，這裡暫且不論。但把整件事簡化為「遭人陷害，導致失敗」，最後千言萬語，把責任全部推給國君，都是國君不好，害慘了他。這種論調，實在是要命。

我們退一萬步說，好啦都你對，漢文帝豬頭，漢文帝該死，所以咧？遇到豬頭主子以後咧？硬幹到底？

還真的耶，再引用他最後一段：「後世有賈誼之才者，應該大膽地展示自己的才華，要進行改革，就要堅持到底，不管別人說什麼，堅定地走自己的路，必須將自己的生命置之度外，甚至將身家性命全都置之度外，也應該將後人可能的議論放在一旁，他們愛說什麼就讓他們隨便說去，你該幹什麼照樣幹去。」

真的，別人的囡仔死不完。蘇軾苦口婆心要把那堆死腦筋的人拉回來，然後這個人拚了命的要把這些人往死裡推。這什麼心地？

蘇軾的那篇文章，好就好在他提醒咱們，你有天大的本事，也得看看這個世界是啥樣，你得評估一下，怎麼安排才能把你想的東西弄到最大。漢文帝當然不是豬頭，還是西漢評價最好的皇帝之一，你一廂情願地把他罵成豬頭，就贏了嗎？

一般文人寫詩這麼弄弄就算了，反正借他人酒杯澆自己塊壘，古人死都死了，讓我冤屈一下就算了，重點是老子要在詩詞裡發洩一下不遇之恨，這就是毓老師時常瞧不上的文人。在詩詞裡面讀歷史，那裏面到處都是別情私意，笑話多得很，怎能當真？

可寫議論就不一樣了，得摸著良心，憑著見識說話。蘇軾不是一般文人。他這篇文字說得太透了，那是天地的精采，真正的千古雄文。

蘇老先生不在了，可我讀他的文章，覺得裡面真情實意，非常動人。容我在旁邊替他吼兩聲：那些替賈誼痛罵漢文帝的，我問一句：你們身上有幾分本事？憑什麼你就應該遇到一百分的主子？一定要遇到一百分的主子才能做事，那你是不是就啥都別幹了？「豪傑之士，不待文王猶興」聽過嗎？這話啥意思？

這不光是政治，整個人生都是這樣，你上哪兒去找一百分的領導，一百分的情人，一百分的配偶？你找出漢文帝的缺點不難，找出來以後呢？你就沒事了？都怪他就好了對吧？

是啊，這是最便宜的做法。我們身上都有賈誼魂，都有年少意氣，可能都有過沖天之志，然後也都遇過烏七八糟的鳥事，總之這個世界對不起咱們，對吧？

好啦，算你對。我們遇到的「漢文帝」都很豬頭，這個世界真的很對不起咱們，所以咧？所以我們就可以理直氣壯地痛哭一場，然後悲憤地死？或者像周先生建議的一樣，反正我是對的，所以堅持到底，將身家性命全都置之度外？

你真的知道蘇軾說的「君子之愛其身」是什麼意思嗎？「欲得其君，如此其勤」，「不忍棄其君，如此其厚」，就是給這個世界一個機會。這個世界一直在轉動，不管他有多髒多可恨，它的轉動從來沒有停過。轉動，機會就在裡面。你要是真的愛自己，就不會輕易放棄。

人為什麼會不愛其身？因為我們愛的常常是此刻的念頭和情緒，不是自己。我們對念頭、情緒的陷溺或熱愛，超過了對生命，對可能性的關注，大得塞滿了整個心，所以會放掉自己的可能性，走進了黑黑的胡同裡。

最糟糕的是，因為我們夠聰明，還讀了一肚子的書，那些聰明和知識，剛好足夠讓我們拿來把這個世界的醜惡徹底批判一遍，然後我們的放棄就變得很合理了，理所當然，對吧？

這是沒辦法辯論的，也不需要辯論，要不要「愛其身」，這是每個人生命裡天大的功課，一定要自己做，別人代替不了。

我在課堂上說到這兒，突然覺得千言萬語，都沒有用處，於是我舉起手上的刀疤，一言不發。班上愣了一下，然後譁然。

我問他們：你的生命是誰的？是你的？那是哪一刻的你？是現在的你？那下一刻的你，明天的你，也有資格擁有你的生命嗎？如果「大家都有資格」，那麼，你現在做的事，要不要給他們一點交代？你能給出什麼交代？

我突然動了真情，一股酸熱湧上來，像喝醉了酒似的，說：你上三年國文課，或三百年國文課，通通忘光光也沒關係，你只要學會「愛其身」就好。你只要明白了「愛其身」三個字，就夠了，你腦子就會變得靈光了，你會突然知道自己要幹什麼，不幹什麼，真正卯起來活。

這世界醜惡？沒錯，我從來不反對。但是，誰說不醜惡的世界才能活？

迎向春光

年輕的同事很好學，前幾天提了一個問題：〈蘭亭集序〉、〈春夜宴從弟桃花園序〉，如何從情意方面教學？如何指引學生體會人事盛衰、生命短暫的歎惋……等相關議題？

我把想到的東西寫在這裡，供同仁參考，也請大家指教。

這兩篇文章，都是在談春光的美好，以及作者如何看待、如何抉擇的問題。這類文章，講起來本就該是一門情意課。我們總要有點感悟的能力，才能談到表達技巧的學習、意境的深究鑑賞。

要引導學生進入這樣的情境，或許可以先就生活中的空間、場景，引領學生感受那些氛圍，去關注、感受和捕捉那些美好的剎那。

把這裡當起點，可以讓我們不至於那麼快掉進文字的坑洞裡，忘記文字所要引出的是什麼。

實際的操作方式，當然也可以是課堂講授，不過，教師的表達要有再造、還原現場的能力，或至少能點出感覺、引入氛圍。

另一種方式，是帶到戶外，讓他們在草地裡、樹蔭下、陽光裡待著。可以就在那個空間裡講課，也可以設計一個簡單的作業，讓他們用相機或手機捕捉景物，寫成短文或新詩，圖文一起繳交。

有了這樣的情意感受為基底，便可以開始引導他們去留意：「啊！這些美好的景物和時刻，很快就會過去。」

這裡面的意思，也就是：明年春暖花開的時候，眼下這些花早已凋萎淨盡，零落成泥。春光縱美，身旁的同學友伴或已年長一歲，或已揮手作別。

從這個感受裡，也許有機會引發「春光易逝，盛年不再」的憬悟。

有了這樣的自覺意識，就可以帶入兩篇文章的思想意涵跟表達手法了。

王羲之所處的東晉，人才被迫南渡，就算群賢畢至，也是失根失土的異地之客。那是一個沉痛艱難而令人懷憂感慨的時代，在北歸無望、君臣苟安的氛圍裡，許多讀書人無處可逃，只好躲到道家的虛靜無為裡，用自己的方式理解道家，高談生死如一的玄境，以此逃避時代的沉重和悲涼。

但恰好是這種逃避，令王羲之感到憤怒和失望。他的憤慨不是用理論去反駁，而是通過眼前真切的生命感受去表現。

在天朗氣清、惠風和暢的春光裡，身畔有崇山高臥、竹影搖曳，在曲水流觴的雅集裡，高士歡聚，盡情暢談。文章裡提醒我們：這樣的美好，在我們還來不及意識的時候，就已經「情隨事遷，感慨係之」了。

這種醒覺，其實是高度的生命自覺。「所欣」會變成「陳跡」，「脩短」也只能「隨化」，我們留不住的不只是春光、不只是美好的時刻，還有生命本身。

面對這些逝去，我們居然無能為力，這樣的驚覺太悚然了。對照起來，那些高談死生如一、彭殤無別的玄言妙語，簡直就是對生命的忽視和糟蹋了。

正是這種悚然和憤慨，使他自覺到如何面對、如何珍惜。所以「列敘時人，錄其所述」成了最好的把握。

美好的一切都會過去，但這些英才薈萃、精采交融的剎那，其實可以透過文字凝成結晶，前應古人、後召來者，在時光長流裡，千古精魂，一堂言晤。

面對生命的有限性，這是通向無限、契入永恆的出路。王羲之〈蘭亭序〉最後歸結在此。

李白的生命自覺，其實和王羲之有點類似，都是對生命的熱愛。但是他沒有南遷失土的時代悲傷，他身處盛唐，頂多是隱隱感覺到：這繁花著錦的極盛王朝，似乎正在悄悄地腐蝕凋落，如此而已。

事實上，他的文字裡，時代性、地域性的色彩都很淡，他一舉目就是天地，就是萬古，就是無限無極的時空。在這無垠時空的對照下，人們的一切都太單薄了，像夢一樣。

只是李白文字裡呈現的，畢竟是高昂的意志和豐富旺盛的生命力，「為歡幾何」帶來的不是悲慨，他腦子裏浮現的是「秉燭夜遊」，及時行樂。

對王羲之來說，歡樂太短，容易消逝，所以要用「列序」、「錄述」的辦法來解決這種悲慨和困境。但對李白來說，直接迎向生命、享受生活，就是最好的解決之道。

對他來說，「桃李芳園，天倫樂事」縱然易逝，也不是感慨係之的對象，而是直接享受的對象，「賞花醉月，幽賞高談」都不是為後來的悲慼做鋪墊，創作「佳詠」也不是為了解決存在短暫的困境，而只是為了「雅懷」的抒發。寫作，本質上只是生命力量的自然展現，不是為了契入永恆、或流傳千古。

換句話說，李白迎向的是當下的剎那，而不是尋找什麼困境的出路，對他來說，浮生若夢，「為歡」都來不及了，哪裡有空悲傷？陽春和大地都在熱烈地召喚他，他只有歡喜地奔向它們。至於文字，只是他歡快的長嘯而已。

寫一篇序文，總是要作為作品的引子，統攝這些雅集之作。但李白這篇文章，就連文章末尾的賦詩邀約，都寫成了罰酒的規則，他的序文不是什麼千古悲慨，簡直成了一場歡樂的遊戲。王羲之的那些「嗟悼」、「悲夫」，在這樣的遊戲裏都消失了，只剩下他豪邁的大笑，在千古裡迴盪。

人類所面對的時代困境各有不同，但是基本的存在情境是一樣的，就是「歡樂短暫，而且我們會死。」

面對這樣的處境，每一個創作者所提供的答案各不相同，可以是嚴肅的思考，像王羲之那樣回應昔人的興感，召喚後人的共鳴；但也可以是痛快的長吟，像李白那樣，什麼時空的浩瀚、人類的渺小，所有的無奈都在他的吟嘯裡消失。

當然，這並不意味著兩種境界有什麼高下之別。他們所面對、所要解決的問題，因時局處境的不同，所展示的思路和方式也隨之有別。

所謂生命，本來就是時空背景下的一個游標，不可能脫離他的背景而獨存。能在時空的限制因素裡，穿透迷霧，通向永恆，就是一種偉大的洞見。

王羲之立言不朽的思路，或許並不新鮮，但他挑戰「一死生、齊彭殤」的時代顯學，逼顯了他們的空疏浮妄，他的悲慨和怒斥，正是對生命本身的熱情擁抱，那是那個時代裡最珍貴的覺醒。

李白沒有什麼國破家亡之痛、流離播越之苦。天地就是他的家。他的文字裡，時常有一種巨大的空間感，但卻沒有隨空漠而來的渺茫和卑微，只有一種雄視千古的豪情。對他而言，存在的本身即是目的，不必別處妄求。

他的詩文如同長劍，耿耿倚天，揮動處全是耀目的光采，掉落一地的珍珠，供後人撿拾驚嘆，而他大步向前迎去，悍然不顧。

對他來講，時空的浩瀚，不是拿來襯顯人類的渺小，而單純成了俠客舞劍的背景、壯士吟嘯的山谷，不怕它大，只怕它太小。

離別或消失都是必然的，悲傷煩憂也不可能沒有，但是那又如何？高樓沉酣，意興遄飛，近的有酒杯，遠的有明月，秋雁高飛，就送他去，敬亭無言，倒像知己。這個宇宙裡到處都是他的伴侶友朋，都是他的謳歌題材，就算有啥不痛快了，就他娘的把頭髮扯散了，放船千里，凌波而去吧！

若要回答人存的困境，李白的答案就在生命裏，在每一個當下的情境裡。他連聖賢也要嘲笑，並不稀罕什麼「永恆」。

當然，他也五嶽尋仙，但並不肯棄卻紅塵，不想老死蓬蒿。名山大江，到處都是他的遊樂場，但巍巍殿闕裡，他也想揮拳踢腿，施展一番手腳。他在每一場存在裡尋覓滋味，然後高歌著下酒，成為一場審美的遊戲。

所以回到我們最初的問題：怎麼感受、看待這場春光，其實就是怎麼看待我們短暫的青春、短暫的生命。

也許受到時代氛圍的影響，王羲之的答案沉痛些，但幫我們掃清虛妄自欺的空言，轉向生命的珍視、永恆的尋求。

李白的答案則簡單得多，我們只要好好享受當下就行了。

但是最簡單的答案，卻時常也是最難達成的。因為李白眼前繽紛的風景，我們時常視而不見、略而弗顧。而讀這種文字，正好可以開啟這種靈透的心目，洗滌我們的愚騃和庸俗，讓我們重新學會領略生命的滋味。

〈蘭亭序〉答問

高三的國文課本，有一篇王羲之寫的〈蘭亭集序〉，一般來講，各家版本多半都會選，算是重要文章。不過，由於文中關於思想的部分多少有點深，有時相對難懂一點。

這篇文章裡，表達了王羲之獨到的生命態度，其中有一句，受到最多的討論：「固知一死生為虛誕，齊彭殤為妄作」。一般多認為，他在這裡批判了莊子「齊物論」的思想。

這個部分因為牽涉到思想史的問題，對同學來講，不是很容易明白，也有許多老師們會拿這個部分來和我討論。很意外的是，有的資深老師非常虛心，也請我找一個時間，說說這個問題。我覺得過意不去，不敢耽誤太多的時間，就先用文字把這個問題整理一下。

從這篇文章的字面上看，這段話所批判的對象，好像就是莊子，尤其是批判他的「齊物論」。因為「一死生」和「齊彭殤」這些字眼，怎麼看都是莊子「齊物論」的概念。

〔案〕《莊子．齊物論》說：「天下莫大於秋毫之末，而大山為小；莫壽乎殤子，而彭祖為夭。」這兩句莊子大開玩笑，把大小長短全都搞亂了，要破除我們對既有認知的成心。

但這樣說，恐怕未必完全符合事實。讀文章不能只看字面，還要看時代背景、作者身分與思想，還有當時的語言脈絡。

王羲之本人屬於瑯琊王氏，他整個家族就是天師道信仰的家族。陳寅恪〈崔浩與寇謙之〉：「蓋六朝天師道信徒以『之』字為名者頗多，『之』在其名中，乃代表其宗教信仰之意，如佛教徒之以『曇』或『法』為名者相類。東漢及六朝人依公羊春秋譏二名之義，習用單名。故『之』字非特專之真名，可以不避諱，亦可省略。六朝禮法世族最重家諱，如琅琊王羲之、獻之父子同以『之』字為名，而不以為嫌犯，是其最顯著之例證也。」不但王羲之的家族信仰天師道，王羲之換鵝帖的故事更是膾炙人口，他寫什麼來換鵝？就是道教的《黃庭經》。

王羲之本人和道教的關係如此親密，以當時的社會情況來看，我們視之為道教信徒，也不為過。一個道教信徒用「虛誕」、「妄作」來批判道家的祖師爺莊子，好像有點違背常情。所以，他所要批判的真是莊子嗎？還是魏晉時期的學莊者？

底下就花點篇幅，稍微解釋一下魏晉時期道家思想的變形。

魏晉時期，正是道家思想被如火如荼討論和傳布的時代，但我們從整個思想史的發展來觀察，魏晉時期所詮釋的，與其說是「道家」，不如說是「新道家」。他們對道家的理解和詮釋，是根據他們自己的時代背景，從他們實際的時代和生活層面出發，他們所理解和詮釋的方式，也和當時的政治氛圍、具體感受有關，和春秋戰國時期的老莊思想不能等而觀之。

當時政治場上黑暗腐敗，鬥爭慘烈，人命危淺，在這樣的社會現實裡面，儒家思想受到漢以後所未有的衝撞，君君、臣臣、父父、子子的秩序建構和價值認知，也會不斷地受到挑戰而鬆動。

比如說，《世說新語》記載：「王逌具敘宣王創業之始，誅夷名族，寵樹同己。」王導向晉明帝分析司馬懿創業之始，採取的策略便是痛快誅殺名族，只留下親附自己的人。司馬懿的奪權代表作「高平陵事變」，把親曹魏的何晏、曹爽等八大門閥士族大事屠殺，之後，王凌不服，又殺王凌、王廣父子。司馬懿之子司馬師奪權時，以謀反罪名，把「不交人事」的夏侯玄，及清談名士李豐等人誅殺，之後，毌丘儉、諸葛誕反，也都被誅三族。司馬師之弟司馬昭奪權時，以「不孝」罪名，殺嵇康和呂安。總之，何晏、夏侯玄、嵇康是魏晉三大親魏名士集團的領袖、最負盛名的名士，分別被司馬懿父子三人誅殺。

在這樣兵荒馬亂的年代裡，那些自顧不暇的士大夫更迫切需要的，毋寧是一個逃避的空間、喘息的環境，道家思想正好提供了這樣的條件，自然大受歡迎。

但是因為魏晉時期特殊的時代背景，在這種高度的存在焦慮裡出發，所詮釋出來的道家思想，和戰國時期的老莊思想，至少在高度和意境上都不會完全一樣。

比如說「一死生」的概念。

什麼叫「一死生」？這句話有可能做「立體的解讀」，也可能做「平面的解讀」，兩種方式詮釋出來的境界，可能完全都不一樣。

「立體的解讀」是什麼？（容我暫用「立體的解讀」這個詞，雖然它很不精確，但聽起來容易有感覺。）就是把死生看成一氣的流轉、運動、變化，「死」和「生」只是現象上不同，但沒有本質的不同，他們都只是「一氣之運化」而已。氣聚了就生，氣散了就死，死和生，都是氣在運動變化時，顯現出來的現象而已。

所以當莊子把「死」和「生」看成如一時，是從「死」和「生」的對立超越上去，照見「死」和「生」這兩個表面現象背後的本質。我就暫且把它稱為「立體的解讀」。

那什麼是「平面的解讀」呢？就是扁平的解讀，「死」就是「生」，「生」就是「死」，把它死板平面地看待，看成一樣。這樣看起來，好像就「齊物」了。我不做分別，好像我的痛苦也就暫時麻痺了。

可是，「死」怎麼可能會和「生」一樣呢？這種抹平，並不是超越的觀照，反而把莊子說法裡所蘊含的超越和觀照能力都抹除了，也把生命的主動性、能動性都交出去了。

魏晉人對於對立面的抹除，時常走過頭，對於相反的兩端，簡直不敢做出區別。生死不區別，好壞不區別，大小也不敢區別。莊子的〈逍遙遊〉，說大鵬鳥摶扶搖而上者九萬里，旁邊有個蜩與學鳩笑牠：「你個傻逼，飛就飛啊，幹嘛那麼費勁！」

〔案〕莊子的〈逍遙遊〉裡，原文是：「蜩與學鳩笑之曰：『我決起而飛，槍榆枋，時則不至，而控於地而已矣。奚以之九萬里而南為？』」

莊子的意思，就是在告訴咱們，別跟蜩與學鳩一樣眼皮子淺，「**朝菌不知晦朔，蟪蛄不知春秋**」，小知不及大知，小年不及大年。可等到郭象注莊，他突然就把小大之辨抹除了，說大小各適其性，人家各有各的好啊，不用區別。

〔案〕郭象：「夫小大雖殊，而放於自得之場，則物任其性，事稱其能，各當其分，逍遙一也，豈容勝負於其間哉！」

其實，名相不用別，境界還是要別的。

超越和觀照，正是莊子思想的精采處。他的「齊物論」是讓我們超越主客對立、以主待客的觀看習慣中釋放出來，從已經呈現在眼前的現象面透過去，看見事物隱藏著、未顯現的另一面（死的對面是生，生的對面是死，以此類推），再進一步看見是這些現象間不斷運動變化的內在本質（說到底它們都是氣的聚散，都是一氣的運動變化）。這是針對戰國時期那個巨大動盪的時代，莊子所提出來的穿透之路、解決之道。

而魏晉時期所詮釋出來的新道家，沒有這麼大的魄力、這麼高的眼界、這麼深的穿透力。他們的解決之道，毋寧是被迫採取一種比較不痛苦的方式，來應對眼前的困境。

像東晉南遷的那些中原士族，他們失鄉離土，離開自己的故鄉，也失去了自己習慣的文化環境，雖然都聚在一起，高舉著漢人政權的大旗、名門高族的榮耀，在南方試圖展開一種新的生活，但是他們北方的祖墳被踐踏，故有的土地被蹂躪，而南遷的政權苟且偷安，裝著看不見，並沒有揮軍北上、收復故土的決心和能力。

在這種情況下，避開那無法解決的痛苦，進行看似高妙玄虛的清談，就成了生命無可奈何的出路。他們清談的內容，其實是在麻痺他們痛苦的靈魂，對事實上正在發生的苦難努力地視而不見，再用哲學的詮釋來為它做合理化的說明。

所以他們所詮釋的「一死生」和「齊彭殤」，就變成一種平面的解讀：死和生？啊！把他們看成一樣就對了。怎麼樣才能看成一樣？把那些痛苦抹平呀！

譬如母喪的時候，明明很痛苦，傷心得不得了，硬是要咬牙堅忍，當作沒有事，等到實在受不了了，出門就吐血成升。這就是抹平了，然而其實又抹不平。

〔案〕劉注引鄧粲《晉紀》曰：「籍母將死，留人圍棋如故，對者求止，籍不肯，留與決賭。既而飲酒三斗，舉聲一號，嘔血數升，廢頓久之。」

這不是對死和生的超越，而是勉強把死和生的界線抹去，所以我說這是一種「扁平的詮釋」。莊子的思想有內篇、外篇、雜篇三部分，裡面有些其實是秦漢時期的莊學者所發展，明顯有造作的痕跡，已經不是莊子手筆。譬如「雜篇」的〈列御寇〉裡，以天地為棺槨，日月星辰當作陪葬，這種說法就很明顯是莊學者所造，他們只是藉某種形跡作為，來對莊子思想做出比較容易理解的詮釋。

〔案〕《莊子．雜篇．列御寇》：「莊子將死，弟子欲厚葬之。莊子曰：『吾以天地為棺槨，以日月為連壁，星辰為珠璣，萬物為齎送。吾葬具豈不備邪？何以加此！』弟子曰：『吾恐烏鳶之食夫子也。』莊子曰：『在上為烏鳶食，在下為螻蟻食，奪彼與此，何其偏也！』」

這些說法離莊子是有點距離了，但他們至少還努力的保持莊子的那一種開闊性，想要打破那種既有的價值界線，還是能保留一點莊子的氣味。

等到劉伶光屁股亂跑，說他把天地當作屋宇的時候，那種對大和小、內和外的抹平，就變成非常刻意的抹平，變成標新立異、素隱行怪的舉止了。我們只覺得滑稽，沒有感覺到超越。

〔案〕《世說新語．任誕》：「劉伶恒縱酒放達，或脫衣裸形在屋中。人見譏之，伶曰：『我以天地為棟宇，屋室為褌衣，諸君何為入我褌中！』」

相對來講，莊子在超越各種對立面的時候，是努力要看見對立兩造的共同核心，所謂「得其環中，以應無窮」，著重的地方是精神的把握，在形跡上並不是很講求。但是魏晉時期的人，注意力卻似乎更多地放在具體形跡的表現上，表現了他們把各種對立面抹平的努力。

究竟來說，他們對內在精神的超越，並不那麼徹底，也不那麼自然。因此，他們對道家的新詮釋，對「死生如一」、「彭殤等齊」的這些概念的解讀，就容易發展成不切實際、自我麻痺的玄談。

就是在這種氛圍底下，才激發了王羲之的這一篇〈蘭亭集序〉。

他說：「死生亦大矣！豈不痛哉？」王羲之要挑戰的，就是這種勉強把對立兩端抹平的風氣。

死和生的界線被勉強磨平，並不是對問題的根本解決，相反地，只是逃避而已。

我們看他寫的〈喪亂帖〉：「先墓再離荼毒，追惟酷甚！號慕摧絕，痛貫心肝，痛當奈何奈何！」祖墳被糟蹋了，這時候能說死生如一嗎？亡國失土，偏安江左，有家回不去，反認他鄉是故鄉，這還能說什麼死生如一嗎？現實上受盡了痛苦而無法解決，在有限的生命裡沒辦法做出什麼改變，只是高唱死生如一，這其實是逃避，是裝傻，是自己蒙自己。

這種逃避，就是王羲之的文章裡要厭棄的東西。

快樂都會結束，人都得死，這是一個不能迴避的事實。他很清楚地看到：「及其所之既倦，情隨事遷」、「向之所欣，俯仰之間已為陳跡」，人世上所有的快樂都會結束。對這個情況，人怎麼可能不感慨興懷？

更可怕的是「修短隨化，終期於盡」，人面對大化流行，不管你有甚麼通天徹地之能，一定要面對一場最徹底的失去：死亡。這就是千古以來人類共同的處境！

痛苦嗎？當然痛苦。痛苦就得面對，你不要裝蒜，也不要裝逼，所有的閃躲、飾詞，其實都是妄作、虛誕。人哪，不是逃避就不痛苦啊！看到痛苦，與其勉強把他抹平，不如坦然地承認這份痛苦，應對這份痛苦。

怎麼應對？在承認痛苦的前提下，迎向春光（也可以夏光、秋光、冬光各種光或者不光，春江花朝秋月夜也行），坦然享受，盡情創作，把生命裡的靈光都放出來！

人得死，難道我們就隨便活？春天要逝去，難道我們就白白讓它走？愛情要失去，難道我們就嚇得打哆嗦，不敢要愛情了？失去是必然，痛苦也不必諱言，那就在他還沒有失去之前，轟轟烈烈、指天打地地活一場。

今天不是天氣正好嗎？天朗氣清，惠風和暢，當然要「游目騁懷，足以極視聽之娛」。這還不夠，還要讓天下後世都知道我們的風流和靈氣，所以得「列序時人，錄其所述」，這文章寫下來，不管我們死了多久，千年萬年之後，讀者照樣「有感於斯文」。

人不是怕「死」就不「死」，惟有熱愛「生」、擁抱「生」，才能真正懂得「生」。我們死是死了，可通過這些力道萬鈞的文字，我們照樣鮮活地活在他們的眼前、活在無數讀者的心裡，召喚著他們奔騰湧動的靈魂。

於是，我們也就永遠都不消失了。

菁櫻臺的記憶

這兩年帶的這個班，是比較害羞，也比較溫和的班。她們其實不太會表達什麼特別的意見，也不太會找我談心事——也是有啦，但比例比較低。

她們很少提什麼特別的要求，或者做什麼特別的舉動。總之，每天都很乖巧地活在格子裡，按著很正確的規矩，在正常的軌道裡乖乖地走著。

今天，她們終於突破了。

有兩個孩子鼓起勇氣，利用下課時間跑到辦公室來。她們說，下一節的國文，可不可以在菁櫻臺上課？她們知道蘭亭序講的是春光，也知道現在是冬天，但是還是好想坐在戶外，就坐在樹下，聽這一篇講春光的文章。可以嗎？

當然可以。

到了菁櫻臺，我拉了一張椅子坐了下來。她們問，怎麼坐。我說，全部隨意。隨即聽到歡呼，大夥兒喊著「席地而坐」，就在木板上坐了下來。當然，也有坐椅子的，總之隨意。

大家興奮地拿手機不斷自拍、互拍、拍校園景色，有好幾個同學忍不住喊，好像孔子在講課喔。還有同學說，老師，我們要不要帶束脩來啊。我笑瞇瞇地看著她們，靜靜坐著，只是微笑。一直等到興奮的喧鬧聲慢慢退去，才緩緩開始講課。

我說，大家有沒有想過，人為什麼要活著？你，為什麼活著？活著，是要活成什麼樣，才是最好？活著的「極大值」應該是什麼樣？

在現有的生活裡，我們可以感知到的快樂是什麼，有哪些樣態？身邊有沒有能夠讓你掏心窩子的朋友，就只是靜靜坐著，你把心窩子一掏，他就全明白了，你有沒有這種快樂？有沒有一種活動，可以讓你把身心放進去，然後你就自由了，把形跡都擺脫了？

如果你知道什麼是快樂，那麼，你知道「不知老之將至」是什麼意思嗎？「生年不滿百，長懷千歲憂。」你知道對付憂的法子是什麼？孔子是怎麼對付這個憂的？憂能對付嗎？在千年暗室裡，黑暗能消除嗎？怎麼消除？

那麼，你現在知道樂是什麼意思了嗎？可是，不管你找到的、體驗到的快樂是什麼，王羲之用了一個最殘酷的字，來形容你的快樂，是哪一個字？不但你找到的快樂，可能是短暫的，更殘酷的是，連生命都是短暫的，甚至長短、時間都完全無法預期。人的壽命有多麼短暫、多麼無法預期！

我想起我的外公，他強壯無比，武功高強，是興雅莊「獅陣」的陣頭。他隨手一掌，就能把身高一米八的大漢打暈在地。但是，他只活了五十幾歲，就走了。更不可思議的是，他的病歷上寫的，居然是「肌肉萎縮症」。人類的存在，實在是短暫又飄忽得不可想像，無論如何，只能隨著大化的洪爐流轉遷滅。

可是，在這些悲傷的話語背後，王羲之真正想說的意思可能是什麼？

那是多麼熱愛生命的一個人！在那個天天喊著死生如一，新道家的氣息彌天蓋地的年代，他的筆逆風而行，如此熱烈地擁抱生命，對於人類短暫的存在，灌注了如此強烈的珍視和愛惜。

我們都要走進死亡——我隨手拉過菁櫻臺上的桌子，指了指桌腳下的陰暗——如果我們每個人都得走進去，那麼，在走進去之前，你有沒有可能做點什麼，揮拳踢腿、喜笑悲歌，想好你要的姿態，然後傲然走進去？

那麼，對於「活著」這件事，你想好要怎麼看待它了嗎？怎麼樣才算是真正「活著」了？

說著說著，下課鐘聲就響了。同學們沉思未已，想要說謝謝老師，似乎氣氛又不是那樣的。想要鼓掌，又似乎有些害羞。許多同學都輕輕拍著手，表示謝謝老師。

好了，我們總算真的在櫻花樹下坐下來，好好上了一堂課。也許，他們有些人會真的記得此刻的感覺。那就好了。

課堂報告側記

真心覺得，教書的時候，無論那些課程內容多難，多麼想要自己來講就好，還是一定要試著讓孩子講講看。

讓學生報告，對於我們這種習慣於傳統授課方式，又有一點年紀的老師來說，其實是很大的挑戰。首先是我們最好能把講義做得非常完整，讓同學有足夠的閱讀指引，課內課外都是。其次是要設計足夠的問題，不但要足夠，而且要問得好，能激發出孩子真正的問題感。但即使我們很努力地做好了足夠的前置作業，還是有可能面對一個問題，就是孩子在學習上的心理習慣，她可能抗拒。

我先前讓同學上台報告，曾經遇過一種情況，就是同學對於老師的講授太依賴，對於自己同學的講述又太沒有信心，所以她們對於上課使用報告方式非常抗拒。最嚴重的一次抗拒，是她們拜託當時的代導師來講，要求取消報告方式，請老師自己講授就好。

那段時間，就這種授課方式的操作來說，我頗感挫折。但對我而言，若依照學生的要求來做，其實輕鬆得多。

一方面是我教學多年，對課程內容非常熟稔，就算是新的選文，但憑著豐富的經驗，也很快就能找到適當的切入點，講出生氣勃勃的味道。由我自己來講授，就免去了很多麻煩，我不需要做內容那麼豐富完整的講義，反正我課堂都會講到。我也不需要設計那麼多問題，反正我課堂都會講到。我更不用忍耐拙劣的報告、吞吐的言詞、網路的抄襲，一切都自己講，對我來說輕鬆又過癮，因為我可以天馬行空，盡情發揮，那是我原本就最熟悉的強項。

所以前幾年的做法，一直都是只有高二堅持讓他們報告，高三就全部收回來自己講。有許多學生認為學測在即，還弄什麼報告，找麻煩。那，我們就把麻煩都省了吧。

今年的高三，為了怕麻煩，我仍然依照往年的慣例，把課程講授權都收回來，全部自己來講。但有一次偶然在課堂提起這件事，同學的反應竟然和往年大不相同。我聽到的回應態度，都是躍躍欲試，想要再重溫高二的感覺。

既然如此，那就來吧。

我不知道是因為時代的轉變，學生對於這種方式的接受度越來越高，還是因為我的操作越來越熟練、越來越豐富，使她們越來越適應。總之，當我說下一課恢復報告的時候，全班沒有任何反對的聲音，反而一片頻頻點頭。

高三的學生報告起來，和高二真的不一樣。經過高二這一年的訓練和適應，他們不論是台風、口條或內容，都有非常明顯的進步，報告起來顯得非常熟練、深入，內容也時常精采迭出，令人歡喜，有時精采到令人大吃一驚。

當然，不是每一個都那麼好，但當她們可以那麼自在而準確地表達她們對文章的感受和理解，甚至是她們的感動和生命經驗的回應時，我坐在下面，時常深受觸動。

這些東西，無論我講得如何精采，都比不上從學生口中自然無比地說出來，那麼令人震撼。

下面分享兩段高三學生的課堂報告。

其一　「蘭亭序」到底要說什麼

三年信班　陳〇心

關於生命、死亡與存在的思考，在這些我們曾接觸過的文章裡，除了本質境界上的高低之外，大致可以用一句〈赤壁賦〉裡的話表達：「蓋將自其變者而觀之，則天地曾不能以一瞬。自其不變者而觀之，則物與我皆無盡也。」

莊子和〈赤壁賦〉，是嘗試以天地的角度來看待生死。在時間的長河中，天地自有其從興盛到衰亡、從生到死的規律。所以不必悲傷，不必惶恐，大家都必須遵守這種規則。

而〈蘭亭序〉和〈春夜宴從弟桃花園序〉，是從人本身出發，人終有一死，但悲傷痛苦太多，快樂太少。兩者都正視了這種永恆的悲劇。

在李白看來，既然如此，就要盡全力把人生每一刻過的快樂！讓每一刻都很珍貴。而王羲之卻說：快樂終有消逝的時候，所以要想辦法追求永恆！

總的來說，生死只是自然規律，但否認這種規律的人，專注在無謂的抗議以及逃避，像是魏晉時期的主流思想一樣。而接受者，反而能找到生死規律的限制下，如何爆發出更燦爛的果實。

像是規定形式的五言絕句，有多少千古名言？假使生命無限，我們沒有非要現在努力的原因，日復一日，有什麼事可以達成？

莊子告訴我們，不要執著於不變的定律。而王羲之和李白，身體力行了這種限制下的精采。悲歎於這種規律，於是有了「蘭亭集序」；服膺於這種規律，所以更要「秉燭夜遊」。因為生命會消逝，所以我們更該盡力的生活。

其二　「馮諼客孟嘗君」的現代觀察

三忠　李〇綺

今天的報告，將聚焦於馮諼身上，討論他從「佯裝無能」、「看似有能」到「確實有能」的過程中，值得注意的表現。

馮諼可以說是戰國策中，少數沒有汲汲營營行銷自己的人物，但其實換個角度來看，我們也可以將其言行理解為逆向行銷的手法。

逆向行銷的核心在於：不直接推銷，而是利用消費者的心理，給出精準的暗示，從而使其「自動地」消費。

在馮諼的行為裡，我們可以觀察到兩個逆向行銷的特性，接下來我將展開說明。

首先，第一個特色為：「不奢求消費者一秒愛上產品，但要對其有所印象」。課文中，孟嘗君初見馮諼的名字時相當困惑，但是得知其乃「歌唱長鋏歸來者」後，馬上被喚起記憶，而且對馮諼有了更高的興趣。

我認為這即是成功的品牌建立，因為馮諼樹立了極為鮮明的形象，讓人能夠產生印象，而印象往往能帶來機會。正如同有些企業在發布產品時會放出小道新聞，縱然其內容本身不一定對企業有利，卻能成功製造討論度和記憶點，而這正是所有行銷者所追求的基本目標。

逆向行銷的第二個特色為：「不強烈推銷，而是悄悄植入想法。」布林的「心理抗拒理論」指出，人們會在過度被建議、推介之後，感到自由被剝奪，因此我們通常傾向相信自己所思考出的結論，或者說，相信「我們以為」自己所想出的。我們可以在課文中讀到：馮諼嘗試向孟嘗君解釋「市義」的利處，卻不完全被接受。

不過我仍認為馮諼的這段言論是成功的，因為在多年之後，孟嘗君看到「民扶老攜幼，迎君道中」時，對馮諼說了一句：「先生所爲文市義者，乃今日見之」。

這個情節細讀下來有些奇怪——為什麼孟嘗君看到百姓夾道歡迎的畫面之後，能馬上斷定這是自己手下多年前「市義」的結果，而不是歸因於自己的名聲、威望或其他政策？

首先，不排除孟嘗君的反應是作者為製造張力所作之誇飾（史記中對這個情節的描述其實也略有不同，所以此段與史實可能還是有些差異），但若單論文本，我認為孟嘗君的反應就可以歸功於馮諼成功的逆向行銷。

當年馮諼的言論雖不能立即說服孟嘗君，卻能深植其心中，且這段立論必定足夠深刻，方能不被其他記憶淹沒，並讓孟嘗君在見到百姓夾道歡迎的場面時能快速連結、聯想。

另外，孟嘗君當時的回應為：「先生所為文市義者，乃今日見之」，我認為「見」字背後隱藏的含義為：孟嘗君覺得「先生所為文市義」的結果乃自己見證、觀察，分析出的結論，然而，這段結論其實不夠直觀，甚至武斷地有些奇怪，很可能是被馮諼操作、影響的結果。這恰恰證明了馮諼逆向行銷的高明。

馮諼透這樣的行銷、布局於無形之中，慢慢地從「佯裝無能」過度到「確實有能」，而他在這段過程中遇到的阻礙必定是最小的，因為出其不意、深刻卻不明顯的安排不易被捉摸，他被陷害、截胡的機率自然就不高，這也使他能在最後，最大程度地實現自己的政治才能。

〔後記〕

這孩子報告完後，我良久無語。只覺得滿心懊惱，這麼好的報告，為什麼忘了實況錄影。最後我請她把報告內容打出來，彌補這個缺憾。雖然很怕佔用她高三這樣珍貴的時間，但幸而她還是答應了。

這是事後擇要補記，但現場報告只有更精采。因為她雖是口頭報告，但全程毫無贅字，精準無比。這樣的報告，讓我們不由得升起敬畏之情，想起「後生可畏」那句話的力量。

這就是課堂報告的魅力。如果我們沒有讓她們試試看，就看不到這麼精采的風景了啊。

師說

高一的國文課本，第一課就是韓愈的〈師說〉。搭配的補充教材，是一位高中老師所寫的白話文，寫的是他教讀〈師說〉這篇文字的感想。

我本來對這篇文章充滿期待，覺得用現代語言、現代視角來讀古代文章，一定會很有啟發性，但是我讀完之後，卻覺得非常失望。

「選文說明」裡說得很好，讀這文章，是要讓我們展開思考，去理解教育的本質和師道的真諦。但讀完之後，卻發現頗為空洞，更多的是教育者的牢騷和自憐，或者再好一點，算是教師的自我療癒文而已。

文章一開始，就從自身挫敗的教學經驗展開。這本是很好的開頭，我們要引起問題意識，當然要從問題情境開始。但我發現，所有的問題，作者也許早就有了答案，那就是學生冥頑如石，拒絕成長。

可是，結論下得這麼篤定，實在令人不安。學生排斥學習，不一定是他們以青春為名，「築牆抗拒看不慣的一切」，也有可能是我們教得不好。這一點很基本，應該要先弄清楚。學生所抗拒的，不見得是成長與改變，而可能是老師給的那一套方式，或者老師這個人給他的感覺。教學的現場千差萬別，老師最好不要輕易把責任丟給學生，給出太封閉的斷語。

文章說到學生選擇自我放棄，而老師漸漸習以為常，麻木與悲傷。許多人寫東西會有這個習慣，含著一點悲傷噴在文字裡，當佐料。但這篇文章既然要思考問題，這個時候，老師最應該做的，也許是自我反省，而不是自傷自憐。

其次，當作者在教學現場受挫時，想起的居然是孔子、蘇格拉底與耶穌乃至韓愈，這把我嚇壞了。可以想像，作者無形之中隱然將自己比擬為那些聖哲的角色、位置，或把自己放在批逆鱗、逆風而行、扭轉世風這一類的角色和立場，然後悲嘆、浩歌。

這是一件很危險的事情。我們怎麼知道自己所做的，是和他們一樣的事？他們面對了什麼艱難且不管，談的畢竟是歷經時代考驗被認定為有價值的東西，我們已經成就至此了嗎？我們是憑著什麼樣的感覺，認定自己可以和他們相比呢？就算我們在課堂上說的是和孔子、蘇格拉底與耶穌乃至韓愈一模一樣的話，也未必能夠類比他們。人家是原創，而我們是抄襲。

尤其是把他們所面對的艱難困境拿來和教師現場類比，藉此舔舐自己在教學現場的傷口，那實在是，近乎比擬不倫了。

作者認為，學生如果未達相應的生命高度，不會尋求成長與改變。這是對的，但一定要小心，他在我們的課堂不能相應，不見得是他的高度不夠，也可能是我們的善巧不足。

尤其應該知道的是，他和我們不相應，不見得就和別的老師不相應，他不願意向我們學習，卻極可能在別人那裡歡喜學習，並且學得很好。

換句話說，師生不相得、不相應，原因太多了，學生的「高度」不是唯一的答案，有時候問題在我們自己身上，有時候只是師生緣分不到。

孔子說「不憤不啟，不悱不發」，那只是沒到時候，機緣不成熟，不見得是說學生高度太低。

文章中間以後，開始慰解自己，說教育不能只看重當下的成效，這當然是對的。但突然舉空見神僧度化謝遜為例，實在非常不適當。

空見神僧從頭到尾沒有自居「老師」、「師父」，而這文章一開始就把自己擺在老師的位置上，師生未能相得，對學生有許多責備。兩者的角色認知，完全不同。

空見收了成崑為徒，前來尋找謝遜，他是要幫助成崑和謝遜這對師徒「化解仇怨」，並不是自以為什麼心靈導師來教導誰。他身受重傷以後，發現成崑食言不來，原來是自己受欺，於是不斷地向謝遜誠懇道歉。從頭到尾，看不出他有自居老師的意味。

「但願你今後殺人之際，有時想起老衲。」是空見臨死前布下的善因，希望自己的犧牲可以激發謝遜的良知，救得下一次謝遜發狂時要殺的對象，也希望由此慢慢療癒他的傷痛。

人家空見是在布善因、行慈悲、救傷痛，不是在自居心靈導師，等著證明「這一切只是時間早晚的問題」、「我們種下的種子不曾死去」，證明自己的教學有意義。

我的天啊，拜託，真的不要這麼偉大，不要這麼真理，也不要這麼老師，更不要這麼預言家。這些偉大的信念，真的都太暴力了。我只想問一句：當教師的人，到底憑什麼知道自己種下的一定是好種子？

文章說，「流動的時間中，事物的真相會依次顯現，那時我們種下的種子不曾死去，如此，追尋就有了意義。」

這些文字都很漂亮，但我想說的是，追尋有了意義，並不是因為我們懷抱信念，相信自己種下的種子一定會在流動的時間裡發芽。把「意義」放在這種一廂情願的相信裡，實在有點阿Q，嗯，不是有點，是非常阿Q。

這就跟班際排球賽的時候，每一班都大喊「我們是最棒的」一樣。你說沒有用嗎？也有一點用，但也就那麼一點，比之走夜路大吹口哨壯膽也好不了多少。自己喊喊，自己高興就是了。

但教師在教育上的認知，可以用這種等級的喊話來確立嗎？那和公司企業穿制服精神喊話有何不同？這是教育耶！是教育。我們的追尋有沒有意義，在教學現場當下就要確立，不能有絲毫懷疑和搪塞。學生的成效也許不能立見，但教學者自己卻要非常清楚，他的底氣來自於他的內省不疚，不憂不懼，而不是來自精神喊話或空洞信念。

文章的最後，引用了大江健三郎的話：「所謂的老師，並不是一個知道怎麼去教未知的人，而是可以把學生心中的某種問題，重新再創造出來弄清楚，以此為工作的人。」

這話說得極好，但這樣的引用卻近乎不負責任。

是只要有名人名句類似主題就可以拿來套結尾嗎？這是坊間粗製濫造的作文速成秘笈嗎？試

問：這一段話和上文有何關係？從作者教學受困，到引用一堆聖哲大人物的受困，再引用空見神僧的度化，請問：全文之中，到底什麼地方能夠呼應「把學生心中的某種問題，重新再創造出來弄清楚」這一條？作者真的意識到學生心中的問題所在了嗎？

恐怕沒有，他就是覺得學生高度不夠，難怪不學，如此而已。

下面還有一段，「他們所專擅的事情，把人們心中壓抑著、阻礙對真知更瞭解的各種力量，將之破壞。這就是老師為何要比學生問更多問題的理由。」

我實在很想追問，學生心中壓抑著、阻礙對真知更瞭解的各種力量是什麼？您找到了嗎？如果沒有找到，如何破壞？

全文讀畢，顯然作者沒打算要找，也不知如何破壞。這篇文章的結語是「等到站在高崗上，面對天地的廣漠，想看得更遠的時候，他們就會知道了。」

是啊，也許他們到時候會知道，但他們既然站到高處就會知道了，幹嘛還需要老師呢？老師的工作，難道就是雙手叉在胸前，意氣昂揚地宣示一場偉大的預言，告訴他們「以後你就知道了」？

那麼，我們還要老師何用？

這種話，隨便任何一個不負責任的大人，都會時常對我們說，真的不用等到老師來說。

歸根究柢，一開始的角色設定就錯了。「人之患，在好為人師。」當我們把自己設定成老師，設定成什麼孔子、蘇格拉底、耶穌、韓愈，接下來就完了。老師的工作，首先是面對自己，而不是面對學生。

老師的教學，是陪學生重新活一次，他面對每一個學生，都應該像面對年輕時的自己，陪著他們一起找問題，尋求可能的解決之道。解決不了，是時候未到，方法還沒找到，或條件還沒成熟。每個孩子的福德機緣不同，我們就是陪著他們慢慢找。在面對學生的每一刻裡，全部都是在面對自己。說到底，我們教的都是自己，不是學生。

文章說，站在高崗上讀師說。但我很想說一句話：千萬不要在教學時，設想自己站在高崗上。這樣想，恐怕思路只能走進死胡同。學生站哪兒，我們可能就要站到那兒，弄明白他到底是哪裡卡住了。我們能看見低谷的情景，才有可能帶著他走出來。

教學上感到挫敗，是常有的事。人之常情，偶而自傷自憐、自療自癒，也都不為過。但是，千萬不要拿來當教材，教訓他們，這樣是沒有作用的。

文以載道

我們念書的時候，國文課本、參考書上總會有「文以貫道」、「文以載道」或「文以明道」的種種說法。據說，「貫道」是韓愈說的，「載道」是柳冕、周敦頤說的，「明道」是韓愈、柳宗元說的，後來北宋的歐陽脩又進一步發展為「明道致用」。大概如此。

文學來自生命的本能，文學主張的詮釋與理解，本來就應該放在生命場域裡面參證檢驗，而不是在學術殿堂裡奉如金科玉律，依樣覆誦。每一個時代對於這些文學思想的主張，都可以也應該要有屬於自己的詮釋脈絡和理解方式。

我不反對「文以載道」，但要看它載的是什麼「道」，就算它是儒家之道，也必須是當今生命場域中所詮釋出來的儒家之道，而不是對韓愈、周敦頤的宏文照本宣科、亦步亦趨。

我也不反對文章可以「明道致用」，但是同樣要看看他明的是什麼「道」，怎麼個「明」法。至於「致用」，只要明了「道」，總會有它的用場，用不著在誰定義的脈絡裡發揮作用，只要在「明道」的前提下「致」自己的「用」就行了。

文學創作，說穿了只是自我對話的一種歷程，並不為哪一家的「道」來服務。

只是，自我對話，從來都不是容易的事情。如果做得不徹底，有時也會像夢囈呢喃，堆疊情緒，什麼也理不清楚。

一般所謂對話，時常是你說兩句，我說兩句。但我們的心裡何止一種聲音？到後來百音雜陳，也許就成了情緒的流溢泛漫，終於眾聲喧嘩。這種情況，哪裡有什麼對話可言？

所以，真正的自我對話，其實是自我觀照，得把自己提起來，帶一點距離去觀看、審察、透視，試圖給出一種更立體的「照見」。

在這種「照見」見裡面，把那些軟弱、憤怒、閃躲或情感慾望都放到適當的位置上去，就是：啊！是這樣的，原來我是這樣的，這個世界是這樣的，然後，試著找到更好的角度去捕捉它、記錄它，乃至於詮釋它、安頓它。

如果自我觀照是這樣的功夫和歷程，那麼，它就已經是生命之道了。它完全不必依附在儒家的哪一部經典、哪一句說法、哪一套理論。

所以，寫文章不論是「貫道」、「載道」，還是「明道」，只要把「道」的意思用生命去理解，找到適當的脈絡去詮釋，不管在什麼時代，這些主張都可以講得通。

問題在於，這個「道」很容易被講死。一講死，那就完了。

「道」一旦被定型化，「文以載道」就只能是政治宰制、社會操作的目的取向。當文學一旦為政治服務，成了現實意義的工具時，它的神聖性就失去了，不論它是為誰、為哪一個主張、哪一個團體服務，都會變得乾癟醜陋、不忍卒睹。

甚至，它不用為特定人或特定主張服務，只要它被視為工具，而沒有自己的獨立性，它就失去了開闊和自由的本來特質，變成了一種暴力。

即使寫作者並不自覺或不認同，只要帶上目的，它都無可避免地會成為一種說服的暴力，一種「不管你怎麼想，總之我會說服你」的暴力。

所以，就實際的影響力來說，文學不妨發揮它無遠弗屆的力量和貢獻，但就創作的目的上來說，無論如何都不該也不必承擔那些社會功能的任務。

當一個教「文學概論」的老師說「文學的開心是你的文章改變了別人的路徑」時，我不但覺得無法同意，而且很不舒服。因為，那種意圖本身就是一種暴力。

一個文學創作者要改變的，首先應該是自己，而不是別人的路徑，當然更不是這個世界。而他對自己的改變，就是清澈的觀照，誠實的洞察，甚至是一場生命的自我救贖。

唯有在這個意義上，他的作品裡才會自然地「載道」、「明道」，那個道並不是哪一家哪一派的道，就是他自己的安身立命之道。

換句話說，文學，只是弄清楚自己而已。把自己弄清楚了，也就弄清了他看見、聽見的世界，到底應該怎麼樣理解、詮釋和安頓。

再想要多拿其他的東西，就都是妄念了。

讀書

學生在週記上問，「到底為什麼要讀書，我還是不明白。」我把要回答的意思整理一下，給需要的同學作參考。

我先說一條：並不是非讀書不可，不是。我們不讀書也可以的，讀書只是一種選擇，這種選擇之所以受到重視，是因為它比較方便，風險比較小。但也只是方便和風險小而已，不是唯一的選擇，絕不是唯一的答案。

生命的路途有很多種，每一種過法，也許都有不一樣的價值，彎彎曲曲繞著走，也都各有風景、各有作用。當年，子路還和孔子辯論過這個問題。

《論語．先進》說：

子路使子羔為費宰。子曰：「賊夫人之子。」子路曰：「有民人焉，有社稷焉。何必讀書，然後為學？」

學習確有多方，讀書本不是唯一的路，子路這話當然說得在理。但為什麼接下來孔子臭罵了他呢？子曰：「是故惡夫佞者！」這是停止辯論，直接給他句點：你這渾小子耍嘴皮！

孔子這樣罵他，是為什麼？

世上所有的學習，或許都不妨多方嘗試，不斷試驗，不斷演練，這無庸置疑。但讀書是一種事前準備的功課，可以更有效的減少風險、降低損失。一個不讀書的執政者，就是沒有準備好的執政者，連事前功課都不做，直接就把民人社稷當作白老鼠，還振振有詞，這還把百姓的性命、生活當一回事嗎？

所以說，讀書是一條相對便捷的路，某種程度上當然可以降低風險，提高效能。它不是唯一的路，但卻是一種相對方便、有效的選擇。

從現實的層面來說，我們目前所處的階段是高中，下一步是要到大學去，那我們可能需要一個資源豐沛的環境，需要一套良好的課程設計，需要眾多優秀的師友夾持，去深入學習、造就自己，把我們的潛能激發出來。這些東西，當然可以到處挖到處找，想方設法去獲得，但讀書呢？它幫助我們取得入場券，直接把自己送進那個環境去。所以，它是一個比較方便的方法。

再往前說，當我們的生活遇上一些比較複雜難解的困境，自然要找方法、找答案，但我們搜來的那些單一的訊息，有時根本解決不了問題。我們需要一套更精密、更高效能的運作系統，幫我們把答案釐清出來，那個高效能的系統是什麼？就是受過訓練的腦袋。

網路找答案，在當代已經成為最便捷的方式。但在資訊爆炸的答案堆裡，答案是雜而多方，更難取捨，我們需要有一套清晰的運作系統，能在相對高效率的情況下，去把那些答案過濾、取捨、統合、調整，甚至最後創造出一個最好的方案。沒有受過訓練的運作系統，只能複製貼上，時常無法切合實際情況、解決問題。只有把腦子訓練好了，才能進行高效能的運作，去解決問題。

讀書，就是在訓練腦子。

就像《鹿鼎記》裡面說的：「韋小寶一拍大腿，說道：『對，對，究竟祁三哥是讀書人，理路清楚。』」讀書圖的是什麼？就一條，理路清楚。

不論是為了讓自己變得更聰明、更博學、更有能力，或者像宋儒說的「變化氣質」，說到底都還是在訓練腦子，讓它理路清楚，我們需要更有效的腦子。把它練好了，才能夠駕馭知識、駕馭情境，乃至駕馭欲望，使我們趨向於更大的自由。

我們之所以對讀書有各種誤解，覺得讀了書也未必有用，是因為那些沒用的人，把書讀錯了、讀壞了、讀擰了、讀不通，問題不在讀書這件事，而在這個人對讀書的認知弄錯了，或不曉得怎樣去讀書，於是，把讀書變成了負擔和痛苦，還喜孜孜地抱著自己的虛榮不放。

我們不要笑孔乙己，這年頭的孔乙己滿街都是，只是他們現在不穿長衫、不偷筆墨紙硯、不滿口之乎者也了，但他們的腦子裡裝的都一樣，無非是茴香豆的茴有幾種寫法，修辭格有幾種分類，這種理論有幾種流派，這些公式有幾種算法，或者，我這裡有幾套獨門教學法，如此而已。

陸象山說：「若某則不識一箇字，亦須還我堂堂地做箇人。」缺乏什麼知識，好像也不算是什麼天大的事情。讀書不是裝進更多的知識，讓自己擁有更多資源，去餵飽自己更多的欲望，而是訓練出一種內在的能力，去穿透假象、辨別真偽、分出輕重，所以它反過來，其實是拿掉那堆不需要的東西，讓自己減去更多的負累，以獲得更大的自由。

所以，讀書其實是在「求福」，「求福」不是跟誰求，「多福無不自己求之者」，求福，是訓練自己去找到真正的幸福。而最大的幸福，往往是從小我之中脫出來，從有限通向無限，所以那些成熟的求福者，最後往往都在造福，為親人造福，為大家造福。

不是什麼「萬般皆下品，唯有讀書高」，不，讀書一點也不高，讀了書的蠢蛋一點不比不讀書的少。但讀書確是一條便捷的路，天底下訓練腦子的方法多得是，但讀書最方便、最快速，它當然不保證有效，但如果得到正確的引導，它的效能還是最高的。

如果你覺得人的生命很短，夢想很大，想要完成的事情可能很多，那麼，你可以考慮考慮，讀書，還算不錯。

另外，思考也是需要底氣的。如果基礎知識不夠，就會影響到思考的憑藉，換句話說，腦子裡要有足夠的材料，才會有足夠的條件去做更深入、更完整的整合和判斷。

以前我唸研究所的時候，在課堂上發現，有個學妹完全沒聽過「黃宗羲」。我睜大了眼睛，氣填胸臆，覺得快吐血了。唸中文研究所，而沒有聽過黃宗羲，我簡直要崩潰了。

但後來我就慢慢適應了。在課堂上，我開始發現，學生沒聽過錢穆。接著，一路「沒聽過」下去，到最後，大家的公約數越來越小，大家都聽過的作者，幾乎只剩下李白、杜甫和蘇東坡了。

剛開始還有些感慨，但那些感慨慢慢地也就消失了。就像今天的課堂上，同學說「不知道白先勇是誰」，我驚愕的情緒一晃而過，立刻為同學說明這個作家的作品、代表性和重要性，我發現自己並沒有生氣，也沒有感慨。只是，有點小小的擔心。

陪伴小寶的時候，小寶時時都會問我「這是什麼？」「為什麼會這樣？」「為什麼要這樣？」在講解「原理」之前，我時常都要為他介紹一點基本的「名詞」，在解釋的時候才能串連順暢。理解是必要的，但在展開思考的時候，先備知識不能完全荒棄。

我對現實的知識總有種習慣性的輕忽，對知識的傲慢者尤其強烈的鄙視，潛意識裡，我總渴望脫離人類的文明建構，在草莽大荒裡狂奔或漂流。但是既然要思考人類的事情，存點東西還是必要的。若不多讀書，那先天的腦子開發不了，到後來靈明漸損，都是跟著習氣和物慾走，啥也沒了。

讀書沒有什麼了不起，但是不多讀點書，除非天生的意志堅強、靈台清明，不然，人很容易就廢了。我們的身邊，這種情況到處都是，只能「就那樣了」。

人的靈智雖高，但很容易不見，不是被物慾帶走，就是被知識的傲慢接管。讀書不一定有用，但不讀書的話，沒有足夠的機會去推動腦子，人的樣子很容易就固定了。

若不是特別厲害的、驚世駭俗、扭轉乾坤、另闢新天、乘願再來的大人物，若還是個「一般人」，不管幾歲，人還是都得讀書，至少可能減低腐化的速度。若都不讀書，人很快就壞掉了。

猛火

偶然看到康熙的《庭訓格言》說：

「為學之功，有三等焉。汲汲然者，上也；悠悠然者，次也；懵懵然者，又其次也。然而懵懵者非不向學，心未達也。誘而達之，安知懵懵者之不為汲汲也？」

剛看到這一段話時，第一個反應是，嗯，我和康熙看法不一樣。在我看來，應該是：「汲汲然者，次也；悠悠然者，上也。」

汲汲然就是拼命往前擠，擠破頭，可生命的方向和意義在何處？往前擠破了頭，擠到了又如何？驀然回首，可能發現那都是鏡花水月，結果是竹籃打水，忙了一場，不知成了個什麼。生命哪裡有一定不變的標準方向和答案？與其汲汲然，不如悠悠然。

以前讀過前人說的，讀書要優游涵泳，才能得其箇中三昧。優游涵泳，才有空間餘裕，返照自心，觀照萬境。所以，我選的是悠悠然。

但等我再往下讀，又看到這一段，大吃一驚：

惟悠悠者最為害道，因循苟且，一暴十寒，以至皓首沒世，亦猶夫人而已。古之聖人進修貴勇，如湯之《盤銘》曰：『苟日新，日日新，又日新。』夫豈有瞬息悠悠之意哉？孔子曰：『有能一日用其力於仁矣乎？』蓋深憫學者之悠悠，而冀其奮然用力也。學而能日新，則緝熙不已，造次無忘，舊習漸漸而消，至趣循循而入，欲罷不能，莫知所以然而然。故詩人美湯曰：『聖敬日躋也。』

我瞬間恍然大悟。

原來，康熙說的悠悠然，和我想的悠悠然，根本就不是一個層次的意思。他所說的悠悠，不是優游涵泳，而近乎一種優柔輕慢的態度，用現在的話說，讀書做事只是「跟著感覺走」，隨俗擺盪，也隨心情起伏，下不了死功夫。

朱熹曾經說：「為學譬如熬肉，先須用猛火煮，然後用慢火溫。」曾國藩讀了這段話，就在〈致諸弟家書〉裡說：「予生平工夫，全未用猛火煮過；雖有見識，乃是從悟境得來；偶用工，亦不過優游玩索已耳。如未沸之湯，遽用漫火溫之，將愈煮愈不熟矣。」

換句話說，猛火和慢火，各有功夫，使用的情境不同，皆不可缺。我其實完全贊同他的看法，但是在還沒有清楚掌握他的脈絡意義之前，卻懵懵懂懂地否定了這種看法。由此看來，「脈絡意義」何其重要。

毫無疑問，優游涵泳、反覆玩索，絕對是必要的，生命裡最重要的那些東西，時常都是藏在最隱微的地方。《中庸》上說：「莫現乎隱，莫顯乎微。」這些地方都不是清楚陳列、具體可見的東西，所以，它只有在優游涵泳、反覆玩索中，才有機會覿面相遇，豁然證成。即使在曾國藩的語境裡，這些功夫也是正面肯定的描述，並不是沒有用。

可是，光靠這個，一定是不夠的。

人要進入悟境，得有契機，契機來自功夫的累積。人要優游玩索，得有材料、經驗和紮實的基本功。用力讀書，如猛火烹煉熬煮，就是基本功。

基本功如果下得深，讀到後來就左右逢其源。如果基本功不足，靠的就是天賦的靈機、偶然的感悟和觸發，那其實沒有太大作用。除非是天縱之聖，聰明睿智都是渾然天成，否則，那點兒小小聰明，偶現的悟境，幾乎人人皆有，真沒什麼大不了，也成不了什麼東西。

所以，猛火煮是絕對必要的。

我們把自己想得太聰明了，就往往輕忽它的重要。在我們學習的歷程裡，在英文、數學、歷史、地理、物理、化學裡面也許會用猛火煮，但在「生命課題」這一塊，我們卻不太會用上猛火。我們總是燒一陣涼一陣，若有似無，隨興而為。沒到「苦極呼天」的時候，往往不會花太多力氣，把它當回事來面對。

等我們覺得那是病痛了，該卯起來面對了，我們可能早就已經長大成人，練出一身對環境條件反射的本事，這種防衛機制變得強大固著時，猛火熬練就更加困難了。

從康熙的《庭訓格言》接過來看：

先儒有言：『窮理非一端，所得非一處。或在讀書上得之，或在講論上得之，或在思慮上得之，或在行事上得之。讀書得之雖多，講論得之尤速，思慮得之最深，行事得之最實。』此語極為切當，有志於格物致知之學者，其宜知之。

讀書、思慮、行事，這都是理所當然的，其中最啟發人的是這一條：講論得之尤速。

這一點又讓我想到曾國藩。

進京之初，曾國藩住在城外，他的朋友「竹如（指吳廷棟）必要予搬進城住」，曾國藩欣然同意。原因是城內有許多益友，「蓋城內鏡海先生可以師事，倭艮峰先生、竇蘭泉可以友事。師友夾持，雖懦夫亦有立志。」「蓋明師益友，重重夾持，能進不能退也。」

師友夾持，是生命中最珍貴的機緣，許多人從來沒有得到，許多人當面錯過，也有許多人得而不知其寶。我何其僥倖，得遇良師益友，能夠得到嚴厲鞭策和反覆講論的機會，從駁雜暴烈的氣質才性中一步步前行，一點一滴，努力活成自己想要的樣子。

詆朱熹

在網路上看到一篇文章，文中大誇傅佩榮，痛詆朱熹，失笑之外，也分外感慨。她特別指出：「『學而時習之』解錯並不是傅佩榮一人的指控，清代考據家已經罵翻了。連第一句重要的話都解錯，可知朱熹解經之不嚴謹。」

這種話說得好像清代考據家有多麼棒棒，而朱熹又有多麼糟糕。於是她大剌剌的說朱熹「解錯」，還說「很離譜」，說得那麼理所當然。

我倒不覺得朱熹講的東西就有多對，不過這種態度很要不得。

先說結論：清代考據家沒有那麼棒棒，朱熹也沒有那麼糟糕。如果她活在清代，人云亦云，跟在考據家的屁股後面拍手鼓掌，那當然可以，這叫時代限制。但既然是當代知識分子，就必須對學術發展有一個基本的概觀能力。

我先來簡單「科普」一下。朱熹的學問，屬於宋明理學，一般學術史上會稱為「宋學」。清代考據家的學問，爭務博雅考訂，對宋學大加譏詆，標榜自己的東西是「漢學」。熊十力《讀經示要》謂：「漢學一詞，本始於清人之反宋明，而上追兩漢考據之業。宋學一詞，本指兩宋濂洛關閩諸大儒心性或義理之學。」

這些清代考據家在忙啥呢?袁枚《隨園詩話》曾說:「近今之士,競爭漢儒之學,排擊宋儒。」嘉慶時,昭槤《嘯亭雜錄》載:「自于(敏中)、和(坤)當權後,朝士習為奔競,棄置正道,黠者詬詈正人,以文己過,迂者株守考訂,訾議宋儒,遂將濂、洛、關、閩之書,束之高閣,無讀之者。」曾國藩謂:「當乾隆中葉,海內魁儒畸士,崇尚鴻博,繁稱旁證,考核一字,累數年言不休,別立幟志,名曰『漢學』。深擯有宋諸子義理之說,以為不足復存。」

「排擊宋儒」、「訾議宋儒」,甚至搞到「束之高閣,無讀之者」,很明顯,這是學術門戶之爭。何以故?是乾嘉以降風氣日蔽所致。錢穆在《中國近三百年學術史》指出:「其蔽由於學術之偏蔽,而其微見於當時漢學家之好詆宋儒。」蔣維喬謂:「自漢學極盛,攻擊宋學,不留餘地,門戶之見至深。乾隆以來,宋學二字,幾為學人所不道。……學者支離破碎,徒以辨析名物為事,而薄視躬行實踐,於是浮薄之士,樂其無所拘束,率以漢學家自命,漸惹人心之厭惡。」

看到沒?學術可以討論,但是不宜陷入門戶之見。

那麼,這篇文章的作者不斷推崇的考據家,到底有多棒棒呢?

曾國藩說:「其為文尤蕪雜寡要。」「嘉道之際,學者承乾隆季年之流風,襲為一種破碎之學,辨物析名,梳文櫛字,刺經典一二字,解說或至數千萬言,繁稱雜引,遊衍而不得所歸,張己伐物,專抵古人之隙。或取孔孟書中心性仁義之文,一切變更故訓而別創一義,群流和附,堅不可易。有宋諸儒周程張朱之書,為世大詬,間有涉於其說者,則舉世相與笑譏唾辱,以為彼博聞之不能,亦逃之性理空虛之域,以自蓋其鄙陋不肖者而已矣!」(〈朱慎甫遺書序〉)

看看，這些考據家們的格局如何？還要繼續拍拍手嗎？

為什麼會這樣呢？風氣壞了。

曾國藩說：「自乾隆中葉以來，世有所謂漢學云者，起自一二博聞之士，稽核名物，頗拾先賢之遺，而補其闕。久之風氣日蔽，學者漸以非毀宋儒為能，至取孔孟書中心性仁義之字，一切變更舊訓，以與朱子相攻難。附和者既不一察，而矯之者惡其恣睢，因並蔑其稽核之長，而授人以詬病之柄，皆有識者所深憫也。」（〈漢陽劉君家傳〉）

文言太長了，我用白話超譯一下：「我告訴你！我看過一本你沒看過的書！所以，我比你棒一百倍！你不讀書，你白癡。」

他們用一輩子的力氣搞文字學，這沒啥好反對的，但他們博洽自尚，嗚高炫雅，說宋儒「語言文字實未之知」，未免過頭。他們說宋儒「逃之性理空虛之域」，不能實事求是，但他們卻不知道，朱子的「即物窮理」，就是「實事求是」，如曾國藩所言：「近世乾嘉之間，諸儒務為浩博，惠定宇戴東原之流，鉤研詁訓，本河間獻王實事求是之旨，薄宋賢為空疏。夫所謂事者，非物乎？是者，非理乎？實事求事者，非即朱子所稱『即物窮理』者乎？名目自高，詆毀日月，亦變而蔽者也。」（曾國藩〈書學案小識後〉）

考據當然有用，但不用膨脹到覺得別人什麼都不懂，都是錯的，都離譜。考據，就是一種學問路徑，沒啥不好，拿來和別的學問互補挺好的，可為啥非要搞成學派之爭呢？其實是清儒的氣度淺狹所致。

張君勱謂：「吾國學術史上漢宋之爭，不始於宋，不始於明，而始於清初。蓋宋明兩朝之理學，以獨往獨來之氣概，自闢蹊徑，不獨不與漢學家度長絜短，自謂其所得，有超於漢人之上者，此爭端之所以不起也。」自具氣概，故不以度長絜短為能，這是宋明理學的長處，相較之下，清朝的「漢學家」譏詆過分，氣度顯得不行。

更糟糕的是，漢學（其實是清學）到底有多棒棒，它真正的內容是啥？

熊十力明白指出：「全是注疏之業，蓋釋經之儒耳。」這話還算客氣，底下說得更清楚，也更直白：「清儒雖以漢學自標榜，然從許鄭入手，只以博聞是尚，於西漢經儒之整個精神，全無所感。清儒託於漢學，實已喪盡漢學血脈也。」

一套喪盡漢學血脈的漢學，對西漢經儒的精神全無所感的漢學，只會搞文字考證、注疏釋經的漢學，到底是有多棒棒？

毓老師提起乾嘉的考據之學，說得尤其直接、徹底，他說，樸學（考據之學）是啥？那就是「亡漢之學」。什麼意思？是清代朝廷基於政治的考量，用來控制、摧毀漢人思想的一套學問。這樣講，夠不夠清楚？這大清朝都已經過去了，到了這樣的年代了，還要繼續緊抱清儒的大腿嗎？

其實，清學的開山祖師，是顧炎武，那是真正厲害的人物。他的學術格局本來不限於考據，既有「博學於文」，也有「行己有恥」，在知識上廣博深厚，在踐履上切實躬行，那是大格局的了不起的人物。但到乾嘉以後，清學萎縮變形，就成了跛腳的「考據學」。考據沒有一定好或不好，那就是個方法，本來就有其極限的方法，不要過度膨脹他們，不是他們批評了朱熹，我們就應該跟著拍拍手搖旗吶喊，隨隨便便就說朱熹「離譜」、「不嚴謹」。

朱熹的註解對不對，那是另一個問題。在這個問題上，我並不打算替他辯護。但我覺得隨便認定考據家就是對的，隨便就輕慢宋儒的學問，這會有非常壞的影響。當意見領袖帶頭這麼說話時，看看下面那堆跟著亂罵的留言，我們就明白了。

針對漢宋之爭，熊十力曾一針見血地指出：「清儒之流毒最甚者，莫如排擊高深學術一事。」宋儒最了不起的地方，在於他們的功夫直接就放進生命的學問，那是義理之學、踐履之學，是最重要的學問。面對這種學問，不是針對幾句經文做個考據，就能超越的。好啦，你考證了一兩千萬字，證明他有一條注釋是錯的，那又怎麼樣？我們做學問，核心是什麼？應該是什麼？

熊十力說：「若以其注經有未審，而遂輕視宋儒學術，則大不可。」「漢學家見宋儒考覈有未審處，便詆侮無所不至，此甚錯誤。」他甚至形容：「晚明習齋諸儒，其評宋儒，已多失當，至清人則皆為狂犬之吠矣。」

考據不可廢，當然有它的用處，這毫無疑問。但那些狂犬之吠，已經湮沒在歷史的洪流裡，成為廢渣了，我們不應該輕易跟從。

至於宋儒，有他了不起的地方，我們更不該輕易鄙薄。《中庸》說了，「致廣大而盡精微」，知識上不妨求其廣大，但在義理之學上，那是精微處，不應該輕慢。

餘香散碧空

最近看了許多武術的影片，看著看著總要想一些問題，於是又想到了一個一直沒有好好談過的問題：學拳練拳，最要緊的是明白自己在做什麼。明白了這個，才有機會看得懂別人在做什麼，並且了解好壞優劣，能分辨出什麼是好東西。

我在練拳的過程裡，最常看到的一個問題，就是空洞無味，不知所為。

就像我們在看人家寫書法，那寫的字怎麼樣才叫好？我們看繪畫，那看畫的時候到底要看什麼？有什麼東西是值得去看的？我們看文章也是一樣，文無定法，但怎麼樣才叫好文章？我想，這都是一樣的道理。

我們得看見那裏面的核心，也就是最有價值的東西。

我後來覺得，古人強調這個「仁」字，特別有道理。「仁」是什麼？按著儒家常見的解釋：仁者愛人，仁者無不愛也。毓老師曾說，既然「仁」就是「愛」，那說「愛」不就完了嗎？為什麼必要說「仁」呢？

我聽毓老師的課，總是特別受啟發。對啊，「仁」和「愛」必有區別，不會是同樣的意思。等到後來我聽老師說「桃仁」、「杏仁」，就突然有了感覺：啊！這個「仁」字，本來並不就是「愛」

，什麼叫「仁」？我們天天都在說這個「仁」，桃仁、杏仁、果仁、核桃仁、瓜子仁……，「仁」是什麼？就是「事物裏頭的核心」，能夠讓它生生不息的東西！

那為什麼說「仁者愛人」、「仁者無不愛也」？因為只有愛人、無不愛也，這一條路，才是讓人類能夠生生不息的，所以為了具體的說，也就說成「仁者愛人」、「仁者無不愛也」。所謂的「愛」，是把這個「仁」給顯化、讓它變得更容易懂的說法。若按毓老師的解釋，一句話就解決了：「生生之謂仁」。仁，就是生生不息之力、生生不息之能。

我說這個，並不是打算解釋什麼儒家思想。我只是想說，「仁」能夠在這個文化裏面佔這麼重要的地位，那是有道理的，那代表的是事物的核心，能夠讓東西生生不息的力量。那是中國思想裡，最有價值的東西。

同樣的道理，我們看山、看海、看畫、看人，看的是什麼？也應該是那裏面的核心、最有價值的東西。「仁」的奧義在於「生生」，看這些東西時，要看的也是「生生」——生意、生機、生趣。

有許多人詮釋莊子，說他文章裡寫了好多醜怪的東西，所以他是以醜為美。其實不是，他稱頌的不是醜，而是生機。從〈德充符〉裡面的那些怪人，到國畫裡的奇石、怪樹，凹凹凸凸、彎來扭去的怪東西，它之所以成為審美對象，不是因為它醜，是因為它充滿生氣。

就像柳宗元在〈鈷鉧潭西小丘記〉寫的：「其石突怒偃蹇，負土而出，爭為奇狀者，殆不可數。」那突怒偃蹇，爭為奇狀的石頭，好看的地方就在生氣勃勃。

我們看天地萬物，其實道理都是一樣的，《詩經．大雅．旱麓》：「鳶飛戾天，魚躍於淵。」寫的是什麼？一般解釋都說是「萬物各得其所」，其實，「各得其所」又怎樣？不就是說它活潑潑地，生機勃勃，所以喜悅無窮嗎？

明白了這個道理，看文章、看書畫，也都是一樣的。一篇文章好不好，就是看它裡面的生命。看它裡面的生命是厚還是薄，是高還是低，是嚴謹還是散亂，是飛騰起落、轉折無礙，還是裝模作樣、奄奄欲斃。那裏面無論妝點多少修辭、典故，賣弄多少傢伙，都沒有半點用處，只要看它的神氣，好壞就一清二楚。

曾文正公談書法，他說得最精采的，就是這一段：「**純以神行，大氣鼓盪，脈絡周通，潛心內轉，此乾道也；結構精巧，向背有法，修短合度，此坤道也。**」字不是跟人一樣嗎？一個字在那兒，就跟一個人站著一樣。一個人站在那兒必得有個樣子，就是這個人的精神氣韻。看書法不用管它用墨濃淡枯濕，看人也不用看她是粉白還是黝黑，就是看他的神氣，也就夠了。

再說得大一點，古人看風水，道理也是完全一樣的。山形地勢，首先看的是氣脈，除了起落有度，還看它的包裹、鞏固、蘊蓄。所以直去的水是無情，外張的脈是發散。山環水繞，謂之有情，重重包裹的，氣勢渾厚，就能留住好東西。那是什麼？就是土地的生命力。

同樣的道理，武術也是這樣。不論它是哪家那派，武術是什麼？還是生命力的顯現。我有時候用比較重的話批判大陸的新武術，正是因為那些沒文化的人帶了頭，那風氣席捲中國，將武術文化徹底摧殘，所以新武術的所有動作，都變得莫名其妙，不知所為。

中國武術是有「纏絲勁」，但不是屁股扭越多下越好，更不是把整個人扭來扭去，有如抽筋。中國武術是有所謂的「發勁」，但不是卯起來用力、一味求快就叫做好。中國武術是要「放鬆」，沒有錯，但不是努力扮演「正在復健的中風病人」，太極拳打成那個模樣，真不如去跳土風舞。

武術裡面，和中國的書畫一樣，都有個意象，意中之象。比如說，「鳶飛戾天，魚躍於淵」，那並不是寫寫文章，它要捕捉的是萬物的生機。武術裏面也是，要的就是那個勃勃生機。前人在拳譜裏說「動若山飛，力如海溢」，並不只是誇飾力量之大，而是在形容那個「動勢」，動起來的時候，整個身體是渾厚飽滿、周身一家，因為厚重，所以用「山」來形容，但又同時靈動，所以用「飛」來描述。為什麼要說「海溢」？因為形不出尖，力量沒有固定的局部方所，所以有滔滔滾滾、渾然不絕之勢。

武術是運動，但它並不是著重在速度的追求，也不是力量的加大，而是通過整體的調節，去回復完整的自己，鼓盪最飽滿的生機。它在動的時候，並不是把拳頭從這裡伸到那裏、打到那裏而已。練拳的人要知道「這一拳是在幹什麼」，在動的過程，應該怎麼動？手為什麼要這樣動？它和腰身、腿腳是怎樣連動的？整個身體的力量運使、調配，內在結構如何？身心的主從、始末關係是什麼？

還有，特別重要的一點是：我們打出來的東西，應該是像怎樣的東西？「鳶飛戾天，魚躍於淵」，鳶和魚是自然界的東西，那麼，我們打拳，是要變成怎樣的「鳶」和「魚」？練形意拳的人那麼多，打起劈拳來都是把手用力一推，就以為叫做劈了。真是這樣嗎？為什麼許多人練八卦掌，就像一隻不安的猴子扭來扭去？為什麼打太極拳的那麼多人，都成了大駝背？他們真的知道，這個拳是要把人帶到什麼方向去、變成什麼樣子嗎？

武術要變成的樣子，來自腦中蘊蓄的東西，那就是意象。

中國武術，是非常中國味的東西，是從中國這個深厚的文化土壤裡長出來的東西。沒有一點文化底蘊或濡染，硬要來改造中國武術，就會把武術弄成裝模作樣的鬼把戲，這是新武術最失敗的地方，也是我輩學武最大的禁忌。

我腦子裡時常浮起一本書，司空圖的《二十四詩品》。他的書裡說「落花無言、人澹如菊」，這其實就是意象。無言和澹泊，都是極靜中的大美。這樣的東西，如果融進了中國武術的意象，會是什麼樣子？難道會是手忙腳亂、模仿花瓣掉下來的樣子嗎？沒有一點文化底蘊，這武術怎麼能有樣子呢？

教我武術的老師，為了調整學生動作呆板、有如機械的毛病，曾經試過一個方法，就是拿古人的書法帖子讓他們看，讓他們體會那裏頭的頓挫轉折、餘韻不盡。這是很高明的思路，若沒有一點文化基礎，是萬萬想不到要這樣教拳的。

但結果多半徒勞。因為，即使是書法的一點一畫、橫鉤撇捺，那也是長期的浸潤體會之功。沒有足夠的文化底蘊時，無論換了什麼科目，對學習者來說，都仍然只是技術，他仍然可能抓不到裡面的東西是什麼。

不過，有一次老師給我看了一張溥心畬的畫，上面題了兩句話：「翠蓋搖明月，餘香散碧空。」那是極美的意象，他說，那就是我們練武的人，需要體會的境界。那一次，我深受感動，久久難以自已。

所以，學拳是在學什麼呢？我們看拳的時候，又要看什麼東西呢？這終究是一個文化上的核心問題。練拳，是一場自我的歸返，是通過自然意象而完成的自我歸返，學拳的人，腦中要有點兒山水氣韻，有點兒鳶飛魚躍，有點兒流水落花，那打出來的東西才會有生命。

我上禮拜天在線上教太極拳的時候，一步一動都放慢了節奏，慢慢地引著大家來做。但即使放到極慢極慢，那裏面仍然有一種韻律感，在我的身肢裡緩緩流溢。在那一剎那，我心裡竟浮起了陶淵明的句子：「但識琴中趣，何勞弦上聲。」

練拳，就是在身體裡體會「琴中之趣」，聲音有無、動作多少，都不是很要緊，最重要的，是在那裡面能找回最完整的自己，並且因為這樣而有綿綿的喜悅，自然地浮上心頭。

這就是我最愛的東西。

所以我練拳，教拳，都與外在目的無關。一切的動力都來自於這個，就是武術帶來的——生生不已之能、歸根復命之樂。

輯二・辨騷

準確的閱讀理解

靜夜思

李白的〈靜夜思〉，膾炙人口，但我們從小讀的版本，其實不是李白的原版。原來的文句是：

床前看月光，疑是地上霜；舉頭望山月，低頭思故鄉。

改版的歷程大概是這樣的：

⑴ 明代趙宧光、黃習遠對宋人洪邁的《唐人萬首絕句》進行了整理與刪補，〈靜夜思〉的第三句被改成「舉頭望明月」，但是第一句「床前看月光」沒有改。

⑵ 清朝康熙年間沈德潛編選的《唐詩別裁》，〈靜夜思〉詩的第一句是「床前明月光」，但第三句「舉頭望山月」沒有改。

⑶ 清乾隆二十八年（1763）蘅塘退士所編的《唐詩三百首》裡，吸納了明刊《唐人萬首絕句》與清康熙年《唐詩別裁》對〈靜夜思〉的兩處改動，從此〈靜夜思〉才成為在中國通行至今的版本：「床前明月光，疑是地上霜；舉頭望明月，低頭思故鄉」。

所以刪改的事情，發生在明清。但是新修版也不是清朝的唯一版本，就在《唐詩三百首》問世前58年的康熙四十四年（1705），康熙欽定的《全唐詩》中的〈靜夜思〉就是與宋刊本《李太白文集》完全相同的「床前看月光，疑是地上霜。舉頭望山月，低頭思故鄉」，後來中華書局出版的《

全唐詩》也沿用這一版本。

〈靜夜思〉是唐詩，很早就已傳入日本（日本靜嘉堂文庫藏有宋刊本《李太白文集》12冊），日本人崇尚唐詩，在後世流傳過程中並未對其作出任何修改。

如果問我為什麼會這樣，我的答案是：中國人聰明、隨便，好處是高明的人很高明，壞處是「假會」的人很粗暴。日本人處理事情比較仔細，也比較慎重，很多東西就老老實實保留著。古人說「禮失求諸野」，我們想看中國東西，時常要到日本去，這不是沒有道理的。

像〈靜夜思〉這樣的一首詩，人們熟讀多年之後，回頭一看到原版，恐怕會覺得不太習慣。人間很多事情也都是這樣，錯的錯久了，就以為它是對的。但仔細詳讀玩味，原詩不管是意境、文氣、流動感、空間感，都比我們從小背的版本好得多。

首先說第一句。「床前看月光」為什麼比「床前明月光」好？

這個「看」字，非常重要。詩人看地上亮晃晃地，覺得狐疑，這是月光還是霜啊？用「看」字，可以表現作者看了又看、心下生疑的微妙心緒。有了這個字，才能跟下一句的「疑」相連貫。「看」了又「疑」，是心緒的曲折。

如果是「明月光」，這兩句的意緒就斷開了。第一句就只有一個鏡頭：床前的光，裡面沒有人，要到第二句詩人才跳進來，表示了他的懷疑。這樣寫就成了兩截意思，一個是光很亮，一個是人在疑，少了一點融貫一氣的流暢感。

再說第三句，「舉頭望山月」為什麼比「舉頭望明月」好？

舉頭望明月，本來沒有問題，但這幾乎是萬古皆然、無處不然的共同畫面。若是「山月」就不一樣了，有了特定的空間感：這不但是月，還是這座山裡的月。這山裡的月光，和我們平常習見的月光，似乎有點不同，讓人產生了微妙的陌生感。所以前面才會生疑：「怎麼地上一片亮晃晃的，閃得滿地光華？這幾乎讓人以為是一片薄霜了。」

第三句用「山月」，和前句的「看」和「疑」隱隱呼應，寫的不只是遊子羈旅他鄉，而且是入山暫宿、夜中難眠的情景，有他具體、特定的時空感，情味會更立體、更真實。

如果只是「舉頭望明月」，就是一般的望月。這樣寫也無不可，文學作品講究的是從具體情境昇華上去，進入普遍性的共感。作品最後指向人生普遍的共相，這並無不可。

但我們應該要特別注意，這作品抒發的因由，必須落實在真實世界，越是個別具體的元素，越有利於再現生活情境，召喚真實的共鳴。「山裡」的月光，就是有它不一樣的地方。和「海上生明月，天涯共此時。」不會完全相同。那個不同，就是生活的滋味。

我看網路上說：「改動後的版本直接改為明月，不分山月海月，讀起來更加質樸。」不知道在質樸什麼。如果山月等於海月，等於水月，等於一切月，那一切都歸一，什麼都不用寫了，最質樸。阿門。

兩個孔明

這次課本選了王溢嘉的文章：〈兩個孔明的文化玄機〉。說真的，作者文筆真的很好，一路看下去，流暢又嚴密，將思辨能力做了很好的展示。難得的是文字也活潑自然，一點學術的臭腐味也沒有。對高中生來說，讀這種文章，真是很良性的刺激和示範。

但是我讀完了之後，發現作者文章裡的主要觀點卻是錯的，不但錯了，而且錯得很嚴重，這種錯誤，我推斷，應該是對中國文化的隔膜所造成的。而這個部分，就是我們最難教的部分。

王溢嘉的文章認為，「劉禪事實上是個昏君，而孔明一直對他忠心不二。即使曹丕再有才德，仍是他欲討伐的賊寇，即使劉禪再昏庸，仍是他欲事奉的明主，如果當初三顧茅廬的不是劉備，而是曹操，孔明也不會為他驅馳，因為這不符合孔明的政治立場。」

這文章厲害的地方，就在於乍看之下真的很有見地，所有的訊息都能夠前後照應，顯現出一種非常縝密的思維，文章因此具有了很強的說服力。

他引用孔明在〈出師表〉的自述：「先帝知臣謹慎」，推論出孔明是「體制內改革者、保守主義者」，這是他主要的推論。乍看之下，很有道理，但其實大大地不通。

謹慎的人，就是體制內改革者、保守主義者嗎？這個推論會不會太跳躍？歷代造反的集團裡面，會沒有行事謹慎的軍師嗎？不謹慎的人，還能造什麼反？還沒舉旗，腦袋就先被砍了。

其次，孔明真的是「體制內改革者、保守主義者」嗎？果真如此，那他從一開始就不應該待在劉備身邊。為什麼？漢家天子還在啊！

漢獻帝還好好地活著，人家曹操始終都是「大漢丞相」，甭管實力在誰手上，君臣都是漢室君臣。江山不管怎麼殘破，招牌都還完好如初，根本沒有拆，作為一個「體制內改革者、保守主義者」，你孔明跟著悽悽惶惶如喪家之犬的劉備瞎混什麼？這不是造反嗎？

劉備充其量就是左將軍，了不起就是當朝皇帝按譜叫一聲「皇叔」，聽話的時候是「皇叔」，造反的時候就是「亂臣賊子」了。人家曹操可是堂堂正正的漢臣，大漢丞相，誰和曹操作對，曹操都能抬出「漢家天子」的招牌，滅掉這個「亂臣賊子」。

我們且不用管曹操是不是篡權，無論如何，他可都是「體制內」的上層。

如果要說孔明是「體制內改革者、保守主義者」，所以他選劉禪，那真是荒唐透頂！他打一開始就應該選漢獻帝，選曹操，因為那才是真正的「體制內」，才夠「保守」，夠「謹慎」。孔明和曹操作對，不管漢室權力有沒有架空，都是和名義上的「漢室」作對，這麼大的膽子，能叫做「體制內改革者、保守主義者」嗎？

王溢嘉說，劉禪事實上是個昏君，而孔明一直對他忠心不二。這話乍看很對，但把孔明效忠的原因悄悄簡化、轉移了，把他說得像是愚忠，這太容易誤導了。

孔明真正效忠的對象，是劉備，是那個天下的掌權者都還不知道孔明是哪根蔥的時候，躬親造訪、三顧茅廬的劉備。

要說孔明效忠劉禪，也不算錯，但他效忠的其實是「劉備系統」。在位的是劉禪也好，或者劉備其他的兒子劉永、劉理也好，只要他是劉備系統的代表，都會是孔明全心輔佐的對象。劉禪沒有什麼大才能，並不是孔明愚忠、不分青紅皂白地要去效忠什麼體制內的昏君，而是因為他是「劉備系統」的代表。

至於他何以全力效忠「劉備系統」，很可能只是「士為知己者死」。什麼體制內外，什麼保守改革，那是現代人自己的思維，硬套在古人頭上，何止於「古典今看」，根本就是「今冠古戴」了。

《三國演義》是小說，裡面有很多東西是文化產物，或文化氛圍虛構出來的產物，那不錯，但這文化本身並不是虛構的。我們得認識這個文化裡面的真東西，才能做出準確的判斷。

這個文化裡面，有一種很重要的真實，就是「士何事」，白話來說，就是「士君子到底要幹嘛」。作為一個士君子，想要把自己的價值極大化，那麼，我身上的本事要獻給誰？獻給百姓，這對，但不夠落實，要獻給百姓，最好的方法是獻給真正有德的領導人。

毓老師有六個字講得特別好，讀書學習，要成的是「仁者相、帝者師」！換句話說，對方是不是仁者、帝者，才是我認準的關鍵！

劉備就是孔明認準的人，他認的不只是劉備的「恩」，也是劉備身上的「德」。認準了，所以為他賣命。劉備死了，誰能代表他的政權，我就為這個政權全心效力，一直到死。這是士君子出處進退的大節。

「忠」這個字，本來的意義是「盡己」，並不是針對哪個人。士君子真要盡己，不能不識人，「良禽擇木而棲，賢臣擇主而事」，他認準了誰有德，就為這個真正的「仁者」「帝者」全心付出，只有這樣，才能把個人才智極大化。

這種心態，在中國古代的知識分子身上，可以說是基本認知，跟體制內體制外沒有什麼關係。體制內外，那是現代人的思維框架，古代士君子真正出處進退的判斷基準，只是「認對人」而已。像沮授、田豐，才德兼備，但最後死得那麼慘，沒什麼可說，就是「認錯人」，錯跟了袁紹，當然就毀了自己。

一旦把出處進退的大節理清楚了，體制外有什麼關係？再怎麼體制外，都能說出千百個理由，讓他要支持的政權正大堂皇，這對讀書人來說，有什麼難的？民心、大勢、天命……這些解釋要多少有多少，我們在中國歷史上看的例子還少嗎？

如前所說，孔明認的，是劉備身上的仁德，所以他效忠「劉備系統」的政權，這個判斷本來就是從「德」出發的，他早已做出判斷。

王溢嘉說，「如果當初三顧茅廬的不是劉備，而是曹操，孔明也不會為他驅馳，因為這不符合孔明的政治立場。」這話看起來很對，但他忘了一件最重要的事：曹操雄才大略，但他重才輕德，自己也德行不謹，對孔明來說，曹操完全不是他理想的效忠對象，早已出局。

孔明不選曹操，也不選孫權，那就是他對領導人才德進行深入判斷的結果。要不然，他哥哥諸葛瑾去了孫權幕下，還興致勃勃地找他去，他幹嘛不去？當他選定劉備的時候，他一生最重要的選擇已經完成，曹操出局，曹操系統的曹丕當然就沒戲，這不是明擺著的事嗎？

至於作者說的「曹丕再有才德，仍是他欲討伐的賊寇」，說真的，我有點懷疑，作者讀的三國，是不是跟我讀的不一樣？

曹丕這個人怎麼對待自己的兄弟，我們就算不讀《三國志》，「七步成詩」未必沒有讀過。他大膽篡位，有本事治國也就算了，這魏的國祚撐了多久？五個皇帝加在一起，總共就撐了四十六年。這個人只想當開國皇帝，沒有長遠佈局，不能為子孫免禍，給他們帶來無盡的痛苦。更可笑的是，即位後大肆網羅美人，充盈後宮，偏偏身體又沒有我們的「辦恭桌」那麼好，搞到自己四十歲就死了，這皇帝只當了七年。

曹丕是什麼樣的人，我們未必沒有底，他身上到底什麼時候有資格接「才德」這兩個字了？我真納悶。

對了，他會寫抒情的七言詩〈燕歌行〉，會寫《典論》，可那又怎樣？那是文人才情，和帝王德行沒有半毛錢關係。他頂多就比曹植精明一點，更懂得政治鬥爭，要談什麼真正的「才德」，談什麼領導人格局，真是想太多了。

反過來說，劉禪在諸葛亮去世後，還當了廿九年，也就是接近三十年的皇帝。沒了諸葛亮的輔佐，他還能撐這麼久，那麼「劉禪再昏庸」這種判斷，我覺得是不是先放一放，再想一想，不要講得太篤定比較好？

現代人用新眼光、新角度來讀歷史，這當然是很有趣的事。但有一些判斷，恐怕不能離開我們對這個文化的基本認識，這個對文化核心的認識若不清楚，想要用其他學科的知識、聰明和認知來替代，恐怕會有問題。

尤其是關於士君子的出處進退，那是人的一生最重要的決定，古代的讀書人做這種判斷，很可能都抖足了渾身的靈氣和智慧，把它當作天大的事來面對。這樣做出的選擇，就算最後的結果不圓滿，自己也能夠無悔無憾的接受。孔明很可能就是這個情況。

他也許沒有經天緯地之才，無法逆轉乾坤，恢復漢室，但他不是不辨是非優劣的愚忠，也不是喜歡效忠昏庸的阿斗，更不是什麼保守主義、體制內改革者，他很可能只是反覆觀察的結果，認定了一個不會虐害百姓的人（劉使君仁德之名，布於天下），於是決定為他付出一切，因為對士君子來說，只要「認對人」，救的就是一大片百姓。

至於繼任者才能不足，不是我能控制的，我唯一能做的，就拚了命地幫他頂住一切，安排一切，一直到死去。

因為，在這個亂世裏面，像他爹這樣愛護百姓的主上很少。

因為，他爹在田廬邊找到我的時候，我還是農民的身分，可他給的是最大的禮遇。

因為，在臨終的病榻上，他把幼子和江山全部託付，給的是全部的信賴。我認準的明主是他，而他把能給的一切都給了我。

還有，因為這個世界上有一種東西，叫做過命的交情，生死以之。人生很短，但我必須活出很長的氣脈，所以，我得做對決定、然後付出一切。也許，這更像孔明做決定的背景脈絡，並不是什麼體制內外。

我想，對於這個民族性格、文化背景盡可能加以同情地認識、理解，並在這樣的前提下努力還原各種古人判斷時的可能準據，這或許是避免厚誣古人、錯解原典的可行方法。

出師表

好多年輕老師都說，〈出師表〉好難教，每次教甄，最怕的就是抽到這一課。因為，不管怎麼講都不講不出那個感覺來，覺得好乾澀，講不動。

這件事，我放在心裡好久了。最近幫學生複習這一課，突然想起這個事，乾脆試著寫成一篇白話文，希望對課文情境的理解，能有一點幫助。為了理解的方便，遣詞用字就自由奔放一點，內容上也不謹守君臣分際，只希望大家讀的時候更容易進入某些情境。

孩子，我要出遠門了，這一趟出征，還是一樣地凶險，不過我都安排好了，不會有事的，我更擔心的是你。臨出門前，心裡好多話想跟你說。

我和你爹雖然是君臣，卻是過命的交情，比一般兄弟要親厚得多。他走的時候，在病榻前把你們託付給了我，讓你們兄弟一起跟我磕頭。從那天起，我就和關叔、張叔一樣，成了你在這世上最親的人。

這年頭百姓的生活太苦了，朝廷裡烏七八糟的鬧心事兒一件接一件，每年要死那麼多人，荒廢那麼多田地，有本事的人都出來鼓搗了，可日子沒有變好，弄死的人卻越來越多。當今天下，你爹是最把百姓當回事的人，他可不單單是龍子鳳孫，他還是唯一能為百姓流淚的人。他千里迢迢到草廬裡找我的時候，我才二十幾歲，天天在田園裡轉悠。他一個五十幾歲的人，談了一次話，就把全部的信任都給了我，讓我出山。我還猶豫著，他卻在我面前哭得老淚縱橫，我沒法子了，只好答應。從那天開始，我就打定了主意，這條命要捨給你爹。他以國士待我，我得捨命報答。

他臨走之前把你交給我，這是性命交關的付託，我自然要一心一意照顧你，把你爹的志業完成。那其實不光是你爹的志業，也是我們大夥兒的夢想。下決心為他賣命的，不是只有我，大夥兒都為同樣的事情切齒憤怒、傷心流淚，看到曹賊幹的那些天人共憤的事，我在屋裡氣得睡不著覺，聽見你幾個叔叔夜裡喝了酒，把牙齒咬得格格作響，說這輩子不整死這幫渾蛋，就誓不為人。其實我們想的是一樣的事，亂世人命，賤如螻蟻，咱們活一輩子，難道只能任人宰割？要沒有個盼頭，活著也就是一條狗。所以不管多累，咱們死活都得恢復漢家的天下！

說到這兒，得說一句，你爹實在是當今最了不起的英雄。他身上流著的是漢景帝的皇家血脈，可他吃遍了織席販履的苦楚，他知道底層百姓過的是甚麼日子，最後他能翻天覆地，造就出這一片局面，靠的不但是本事，更是他身上的德行。他是真能懂得這些英雄的靈魂，讓大夥兒聚在一起，怎麼苦難都一條心，每個人對朝廷都死心塌地。現今大夥兒心甘情願地為朝廷賣命，是為了報答這份人間相知的至情，可不是為了那頂烏紗帽！所以您不能當他們是逐利之士，得拿出真心對待，好好兒看他們的奏章，聽他們的建議，萬萬不能辜負了先皇的重託，和大夥兒這片心意。——最要命的是有些膿包鼻涕蟲，專在您面前進讒，說什麼「蜀漢弱小，不論怎麼搗騰，能偏安就偷笑了，不必妄圖中原。」您要是聽到這些渾話，先狠狠踹他兩腳，休得聽他們胡說。

所有的英雄志業，不在自己，在天下國家，在千秋萬世。所以說到底，我們所有的希望都安在您的身上，您是皇上，是主心骨，我們必得一條心，這好不容易打下的基業要是有什麼差池，別說我們，你爹在地下也不得安心，所以在這兒別怪我年老囉嗦，婆婆媽媽，家裡的事不交代一遍，我實在放心不下。臨出遠門，我得跟您交心交底，說幾句心底的話。

最要緊的，您千萬記得，朝廷的任何事情，絕對不要讓那些太監拿主意。別看黃公公他們幾個乖覺伶俐、八面玲瓏，他們是能夠照顧你的生活起居，可政治的事情絕不能讓他們摻和。他們是細心，可骨子裡沒有剛氣，禁不起誘惑，一旦接管了朝廷的事兒，一切就完了。

大漢天下為什麼今天弄到這個地步？那根兒就是從桓帝、靈帝開始爛起的，他們凡事都交給這些公公，只要不抱他們大腿的，都盡情作賤，讀書人成千上萬的綁上法場，殺得滿地都是血，把整個朝廷的元氣都摧毀了。你爹和我聊起這個事，沒有一次不是咬牙切齒、長吁短嘆的。

其實，這幫公公帶來的最大禍害，在於他們身上萬惡的習氣：營私擅權，把皇宮內外隔出兩個世界。他們認定親近的，就結黨比周，拉幫結派；至於那些行政官員，他們以為疏遠的，就苛刻羅織，盡情伐異。我最怕的就是皇上受到影響，朝政被他們干預了。看著這些公公，皇上，您可千萬千萬記得，朝廷的事兒，斷不能讓他們插手！後漢的政局崩塌，就是血淋淋的例子。

那有事兒問誰呢？我給您寫個備忘清單。朝廷裡的這些人事安排，我基本上都安排好了，但也給您做個記錄，您有事兒按這名單找人，多聽聽他們的意見，肯定有好處，除了讓他們幫忙拿主意，您也可以藉這個諮詢的機會，好好熟習政務。

首先是郭攸之、費褘、董允這幾個，那可不是我的人，那都是你爹千挑萬選提拔起來的。宮裡的事不管大小，不要怕煩著他們，儘管找他們商量！部隊裡的事情，您自然不消擔心，但要是想知道有關軍務的任何問題，您就找向寵，他這個人心地好，處事公平穩當，特別可靠，這也是你爹當年就特別肯定過的，九城防務，任何事情都可以找他商量。

有些人不在你身邊，像陳震、張裔、蔣琬，這些人都特別忠心可靠，為朝廷的事全力付出，連自己的性命都不顧。這些人不常見面，您可能疏遠了些，可千萬不要因為這樣就輕慢他們。身邊放對了人，滿屋子都是芬芳，漢代文景之治的極盛局面，就是這樣造就的。所以，皇上，朝廷裡不是只有我，這些鐵錚錚的忠臣都擺在那兒，只要多親近這些好苗子，咱們要重振大漢的好時光，那日子不會太遠的！

說真的，當今雖說天下三分，咱們蜀漢的力量還是差點兒。北邊的曹賊篡位奪權，手上有百萬大軍，南邊孫家靠著長江天險，虎踞江東八十一州，咱們處境並不那麼安穩。曹賊害死了獻帝，天下必共戮之，我是死也不會放過他們的，為了消弭後顧之憂，所以我到南邊去，卯起來收服了孟獲。現在南方已定，誅殺國賊就是刻不容緩的要務。所以我布局多年，為的就是今天——盡戮亂臣賊子，恢復大漢天威，回到長安舊都，安撫天下生民！

身受先皇重恩，無以為報，這是我此生最大的責任。要是做不成，就辜負了先皇的重託，您得咬著牙處分我！當然，您留在家裡，朝廷的事情，郭攸之他們都得幫忙盯著，要是他們貪生怕死，該說的事閉著嘴巴裝傻，您也得處分他們，朝廷裡不能養窩囊廢！

話說回來，還是那句話：您是主心骨。您克制了自己，也就克制了那幫小人。您挺起來了，天下也就挺起來了。先皇臨走前切切叮嚀，萬萬別輕忽小事，這就是克己。真能克己，就能辨別賢愚、聽進真話。您把天子的胸懷放出來，讓天下的忠臣能夠暢所欲言，這就是先皇貴重血脈！我說話不中聽，可掏心窩子的話全交在這兒了。

寫完這封信，捧著信磕完了頭，我就得出遠門，到戰場上去了，這個家全交給您了。我心裡頭又擔心，又捨不得，千頭萬緒，鼻酸眼澀，實在不知道自己說了什麼。這老臣的心緒，聖明如您，一定能明白罷。

柳侯祠

余秋雨的《文化苦旅》和《山居筆記》出版以後，在國文教學上引起了不少的反響。雖然後來他的文章也有許多爭議，但無論如何，他還是產生了一定的影響力，而且應該還是正面居多。

我特別喜歡他在〈柳侯祠〉裡寫的這兩段：

朝廷像在給他做遊戲，在大一統的版圖上挪來移去。不能讓你在一處滯留太久，以免對應著穩定的山水構建起獨立的人格。多讓你在長途上顛顛簸簸吧，讓你記住：你不是你。……

他的政績有點特別，每件事，都按著一個正直文人的心意，依照所遇所見的實情作出，並不考據何種政治規範；作了，又花筆墨加以闡釋，疏浚理義，文采斐然，成了一種文化現象。在這裡，他已不是朝廷棋盤中一枚無生命的棋子，而是憑著自己的文化人格，營業著一個可人的小天地。

這兩段裡，至少突出了幾點重要的見地。

首先，我們怎麼看待「貶謫」這件事?它在政治上意味著什麼?「貶謫」不一定是官員真的做錯了什麼，它更可能是一場權力展示和政治操作。朝廷通過遠貶，展示了生殺予奪的權力，特別是對官員的獨立人格形成某種壓抑、操縱的作用。這個現象的認知和發現，有助於我們對「貶官現象」進行更具深度的思考。

其次，是被貶的官員能做什麼、該做什麼？我們要怎麼看待他們做的事情？這些在政治上被「處罰」的人，雖然身處荒僻之地，其實仍可通過文字，努力續建著自己的文化人格。如余秋雨所說，在政績裡融入他的正直人格和文化闡釋，「疏浚理義，文采斐然」。

這樣的理解，意義重大。因為那就不只是「懷才不遇」的牢騷，也不只是「騷人思士」的悲傷憔悴，更不只是一場「天問」的苦極呼天，它有更重要的積極意義：讓自己獨立起來，不再只是被挪移搬遷的棋子，而且是一種「創造性」的活動，在這個活動裡建立永恆的價值。

中國歷來的出處進退，本是一個千古的大課題。看見屈原行吟澤畔，形容憔悴，漁父莞爾而笑，鼓枻而去。一個鐘鼎，一個山林，似乎在屈原的孤忠盡瘁之外，天地間就只剩下隱居的選項。

但是，〈柳侯祠〉裡卻提點了另一種可能——不必辭官，罩著官袍和烏紗帽踽踽而行，在永州山水這個大囚室裡，當然不免勞累憔悴、惴慄不安。但在設館倡學、解放奴婢、興利除弊的過程裡，柳宗元畢竟營造了一方天地，甚至就在這方蠻荒裡，與金殿對峙，留下一脈異音，留下使柳州開通的種子，讓柳州的文化精靈從此飛騰。

換句話說，在我們已經被這個世界拋棄的時候，特別是覺得自己好像什麼也不是，什麼也不能做的時候。看懂這個，就會發現，我們不但有事可做，而且這件事的意義如此重大——按自己的本心，創造一方天地，不管它有多麼偏僻，多麼小眾。人的存在價值，就在這裡凸顯出來。

我不免想到，被貶到滁州的歐陽修，在山清水秀的琅琊山下，用百姓的富足安樂、歡聲笑語，洗去貶謫的憂傷。被貶杭州的蘇軾，在疏濬污泥、整治水利的同時，也成就了聞名千古的西湖十景。他們都在遠離皇朝的角落裡，成就著一方溫潤的教化世界。

原來，在發配的折磨之中，除了在朝廷的棋盤中被動地挪來移去，顛顛簸簸以外，人也可以化蠻荒為淨土，成為主動的創造者。所到之處，都可以點化一方，巍巍殿闕，終將剝落崩塌，而人文化成的靄靄祥雲，卻永不散去。

我覺得，這就是〈柳侯祠〉裡最精采的見地。

一場好的導讀，能幫助我們看見問題，看懂問題，找到更好的理解的方式。在這個意義上，余秋雨這篇〈柳侯祠〉做了一場很好的示範。

始得西山宴遊記

從柳宗元的〈始得西山宴遊記〉，來說一點我偶然想到的東西。

其實，在山水裡尋覓出路，本並不是那麼理所當然的，不是一定都能找到生命的安頓。山水裡提供的是什麼？而人在這裡面又能找到什麼？人在山水裡找到的東西，跟生命究竟有什麼關聯？這可能是理解貶謫文學、山水文學或遊記文學的一個重要關鍵。

柳宗元初入永州，就無可遏抑地開始了迫切的尋覓，「日與其徒上高山，入深林，窮迴谿。幽泉怪石，無遠不到」，這是遊山攬勝，但是卻走得飄忽栖惶，走得心焦氣浮，他似乎巴不得立刻尋得靈丹妙藥，解決這場生命的失落和困境。

當他說「以為凡是州之山水有異態者，皆我有也」的時候，彷彿蒐集了所有的美景、完成了蓋章大集合的任務，而一顆心卻仍然飄盪不安，不知道要把自己放在哪裡，要怎麼樣來看待自己，這個曾經意興風發而如今幾為囚徒的自己。

所以，我們在人世間所遭遇的羞辱和失落，真的可以在大地無言的山水裡找到答案、找到撫慰嗎？

就算可以，也絕不是理所當然，一經服用，不日就能見效。

在柳宗元的第一段開頭就說明了:「居是州，恆惴慄」，憂懼不安的情緒顯然一直是常態。他每去到每一個新的異景幽境，都只是喝酒醉臥，醒覺便歸。於是，每一次的尋訪，都像是生命的逃離，一次次遁入新發現的角落，周而復始，不斷尋覓，並不因為遍遊永州，他的憂懼就得到了緩解或根除。

顯然，山水並不是萬靈丹，一經遊覽，生命問題就會得到解決。

西山的發現，出於一場偶然，而非積極尋覓的成果。所以，西山一開始就是一個脫離目的、不在安排中的存在，它不在作者的視野裡，不在目標中，是坐在亭子裡無心而得的新發現。

後來他雖然也一如往常地奮力前往，「過湘江，緣染溪，斫榛莽，焚茅茷，窮山之高」，最後「攀援而登」，急切如昔，但他的空間經驗改變了。

當他感覺到「數州之土壤，皆在衽席之下」，他和過去的空間記憶就拉開了距離，尤其是看到「高下之勢，岈然洼然，若垤若穴」，過去覺得龐然巨大的東西，此刻似乎都變得小巧可愛了。

於是，他對空間記憶的固著感被鬆動了，在他心裡大小的絕對性開始泯除了。

這種改變至關重要，千里之遠的東西，在此刻不過是尺寸之遙。那麼，過去覺得是驚心動魄的巨變，是不是可能也只是一段剎那生滅的幻影，倏忽已去?

生命中最困難的時常只是一轉念。而這一轉念，需要具體的空間經驗提供契機，登高遠望的距離感，正提供了這樣的契機。

有人說，西山一點也不高，所以對於「不與培塿為類」似乎有點懷疑。我查了一下，湖南零陵現在名為西山的地方，海拔不過一百多米，如果往西一點，山嶺高度大概可以到九百多米。

其實，大陸北方的山海拔都不高，但勝在形勢。泰山海拔只有一千五百公尺，但十八盤道一路上去，覺得山勢無窮深遠，登頂以後，只要天氣合適，俯瞰所見雲氣繚繞，宛如仙境，所以稱為「南天門」。那和山的實際高度無關，而決定於山的形勢是否雄偉，只要山形地勢拉出高度差距，飄來薄霧重雲，照樣有「登泰山而小天下」的感受。

柳宗元登西山之頂，箕踞遠望的時候，他看到的是「縈青繚白，外與天際，四望如一」，可見青山絕頂之處，盡是繚繞的雲氣，而長雲之上，便是一片無盡的天光，視域由下而上，地面上所有紛繁的顏色，此刻都混一在蒼茫無垠的蒼穹裡了。

這就是一種空間經驗，也是一種審美感受：登頂之後，從仰到俯，各種無形的心理壓迫感得到了鬆動和緩解；審美距離拉開以後，從大到小，強烈的現實感轉成了有距離的審美觀照；絕頂四顧，從多到一，宇宙的多樣性混同在極目所見的藍天裡了。

正是這些空間經驗、審美感受，讓他得到了心境轉化的契機。

他心境的轉化，是從對立的解消，趨於融合和統一；從有限的拘執，通向無限的解放，所以這個地方所帶來的空間經驗，和過去所見的培塿、小丘，都截然不同了。

許多版本的解釋說，「不與培塿為類」是說西山比其他的小山丘高，象徵著柳宗元高潔的人格，不和小人為伍的心志。

這種解釋的問題，在於他還把西山拿來象徵自己，把培塿拿來比喻小人，明明已經走到了世外，在尋找解脫的可能，卻一看到高山，就還在比人間的大小、比社會的高低，顯然還停留在人我的對立中，抬高自己、貶低別人，這樣的心境，如何能談到「心凝形釋，與萬化冥合」？

所以「不與培塿為類」，是一種揮別的姿態，是一種擺脫的長吁，好像在說：天啊，這山景壯闊如是，登頂所見，群山皆小，俗慮淨盡，那麼，難道我還活在那若垤若穴的小糾結裡嗎？

登高，是一種重要的空間經驗，它因當時個人的心境不同，而引發不同的感懷。有的人在高處聯想到生命的短暫，念天地之悠悠，獨愴然而涕下，如陳子昂；有的人感覺的是空曠寂寥、萬里悲秋、潦倒多病、國事堪憂，如杜甫；有的人是豪情頓起，不畏浮雲，矢志變法，如王安石。

登高不是公式，每個人在登頂時的空間經驗、審美感受都各自不同。

對柳宗元來講，被放逐貶謫是孤絕的、屈辱的，但低聲下氣地求情求官，卻又是可恥的，他只能在廣漠的天地山水裡尋找一種新的自己，新的理解和詮釋。

他在永州的足跡，一開始尋幽探異，獵奇訪怪，山水自是山水，我自是我，山水雖大，但是這顆心一直活在朝廷裡，放進山水，仍然只是一個巨大的囚室，靈魂桎梏，困頓不安，一直找不到和山水融合釋放的契機。

他需要的不是更多的奇山異水、幽泉怪石，好讓他去獵捕堆積，而是一種「把自己提起來」的可能，一種高卓特異的隔絕，一種保持距離的寧定，一種抖落俗塵的壯闊，而這次的西山登頂，提供了這樣的契機。

山水之高，確實暗示了某種人格上的崇高，但它不是道德上的，而是純乎審美的。柳宗元所描述的，不是暗示自己如何高潔自持，那種說法太蠢了，也太阿Q了。

他所描述的是一場審美的經驗，一場「會當臨絕頂，一覽群山小」的震撼瞬間。

他文末所謂的悠悠洋洋，無涯無窮，都是藩籬衝破、自由解放的瞬間，所生發的詠嘆。

不知日入、猶不欲歸，說明在這種自由的喜悅裡，時間和空間的慣性都被打破了。

最重要的是，心理時間停止，表示生命之旅已經沒有迫待完成的下一站，人在時間裏自由了，不再受到綑綁。

「心凝形釋」，是在這種自由的喜悅裡，放棄了對朝廷、對社會、對文明的爭辯。當權者怎麼斷定和書寫，我既奈何不得，也不必奈何，由得他去。我終於回到了生命的自身，不再掙扎著身上披的是什麼袍子，擺脫了所有的喧囂，進入深沉的寧定。

生命沒有了主客的對待，沒有了亟待完成的任務，也就沒有了人我之別、成敗之別、得失之別，開始「與萬化冥合」了。

人與萬物如何能合？從這篇文章來看，這種「與萬化冥合」的感受，是在一場特別的審美經驗裡，成功的把自己提起來，抖落了人類社會的各種符碼和標記，開始通向自由無待的境域。

因為，沒有了倚傍和對待，人們的自我意識就會開始溶解，而他從萬物中被鮮明凸顯出來的基礎，也就跟著消失了。於是，這心就開始融在萬物的脈搏裡，和天地萬物之間，逐漸沒有了分別性的對待了。

這種經驗，固然是來自一場偶然的契機，卻是經過日思夜想，反覆沉澱的結果。在外面找山水沒找到，在斗室裡悶著更沒有出路，他其實在心裡可能一直都在尋找那樣丟掉困頓、通向自由的可能。在西山登高時，通過特別的空間經驗、審美歷程，他終於短暫地把自己提上去了。

可是，提上去以後呢？還得回到衙門簽名報到，還得跪接聖旨，還在盼望赦免還朝，偏偏遇到的還是一個特別兇狠又器量狹小的皇帝唐憲宗，於是一路貶謫羞辱至死。

所以，那樣偶然的登頂和釋然，就顯得分外珍貴。人生沒有多長，際遇也無法逆料，有過一場物我兩忘的經驗，就像在山徑上和仙人偶遇一樣的驚喜。

柳宗元用充滿空間感的語言，記錄了這樣的驚喜，而因為有過這樣的驚喜，在後來的生命裏或許時時會記起那些片段、那些吉光，時時提醒自己，記得把自己提上去。

所以他的文章裡總是那樣溫潤平和，敦厚優美，即使被丟到了更為困頓的柳州，連官舍都沒有的窘境，他還能安然地做自己，挖井種樹、辦學修寺、解放奴婢，做一個百姓最愛戴的父母官，直到死去。

也許，每個人都在尋找擺脫困頓、通向自由的可能，但我們所找到的時常只是一種自由的替代品：逃離現狀。柳宗元忠實地記錄了他的逃遁歷程，卻也描述了他和天地靈光的那一場偶遇。這樣的偶遇歷程，足以給我們許多啟發。

多數人的一輩子，常常都在找東西，來填充自己，證明自己，但是當所有的填充和證明都被否決的時候，我們還剩下什麼，能夠撐住自己？他在那樣的折辱裡，終究還在山水裡找到安頓，留下許多美好的剎那。那麼，我們的生命又能在何處尋得安頓，留下什麼？

以上是關於柳宗元〈始得西山宴遊記〉的解讀。接下來，同仁們讀過這篇文章以後，進行了一些追問，我也把回答附記在此，以備查考。

〔附記〕〈始得西山宴遊記〉的追問

有同仁看完〈始得西山〉那一篇，進一步問了一些問題。譬如：「永州的西山，真的安慰了柳宗元嗎？」

我想，是的，但不是理所當然。我的文章裡說「在山水裡尋覓出路，本並不是那麼理所當然的，不是一定都能找到生命的安頓。」所以西山提供的只是契機，不是萬靈丹。

同事又追問：「還是因柳自己的心態已有轉變，才能真正欣賞西山之美呢？」

我想，和心態有關係，但是並不是已經真的轉過來了，而只是在醞釀積澱。從文章第一段中那樣急切的尋幽探奇的過程來看，應該可以推斷：那樣的尋索，不是到了西山才開始的。所以我說：「他其實在心裡可能一直都在尋找那樣丟掉困頓、通向自由的可能。」

但要直接說「因柳自己的心態已有轉變才能真正欣賞西山之美」，卻可能說過頭了。這樣說，就好像他都已經轉過來了，如果是這樣，那西山就純粹只是隨便一個背景，找哪一座都行，反正心已經悟了，見什麼都開花。如果到了這個地步，也許真的「西山之前的任何一座」都可以，沒必要非西山不可。但我覺得並沒有到這個地步，西山還是有它的特殊性。

接下來，同事問：「西山的發現是無意的，那之前的尋幽是有意的嗎？」

我想是的。從文章裡看，它讓西山的出場，是在一場偶然的情境出現的，有意尋幽，忙了半天，而惶惶無所悟；無意發現，卻得來了一場心神的洗禮。從「有」到「無」，我覺得那是一個審美的遞進歷程。

也就是說，先前的有意尋幽，是一直在尋覓一種替代、一種填充，因為我的舞台沒有了，我的身分、尊嚴被糟蹋了，我來了永州，我想找個什麼，讓自己可以逃出去，逃出那樣的悲憤和不安。

山水靈趣，在其間託身慰解，自來是失意士子的傳統之一，所以他在山水裡找安頓，可以說是很自然的事情。只是，山水提供的只能是一個契機，它不保證一服用就見效。就像謝靈運，他們服用了以後，就生出一堆模山範水、巧構形似的美文，談不上高妙靈悟的生命境界。所以，它並不必然提供生命的轉化保證。

柳宗元拼了命地找，但他找的還是奇山異水、幽泉怪石，就是要找個特別好看的東西，好像只要讓我得到了，我這口氣就轉了。但再漂亮的東西，我就是得的再多，好像也不能造成轉化，因為那就是再多一些生命的妝點，好像集郵一樣，我又看過了這個那個，如此而已。所以我說「他需要的不是更多的奇山異水、幽泉怪石，好讓他去獵捕堆積」。

前半截的尋覓，像是一個比較淺層的審美追求，就是我去看了、我看到了，我好像又多了一份經歷，「皆我有也」，這在動機上帶著比較強的目的性，所以我說是有意為之。

可是，美的本質恰恰好就不是在目的性中出現，但凡有了功利、實用的意思，美都不出現。康德說的「無目的」，對於美的本質，應該算是一種很貼切的說明。所以儘管柳宗元是卯起來追求，尋幽訪勝，也是審美活動的嘗試，但在這種目的性裡，大概只能去找到更多同質性的東西，就是特別漂亮的山水。只要去了就達成一半的目的，接下來就瘋了似的喝酒，把自己灌醉，醒來就打包回家，毫不眷戀。所以我說他「彷彿蒐集了所有的美景、完成了蓋章大集合的任務」，但是「一顆心卻仍然飄盪不安，不知道要把自己放在哪裡，要怎麼樣來看待自己，這個曾經意興風發而如今幾為囚徒的自己。」

那西山有什麼特殊性呢?相較於先前所見的幽泉怪石,它或許不是特別奇異優美的景觀,也許就是形勢高、地勢隔絕而已。但我覺得這兩點可能都很重要。

因為他的靈魂一直被囚禁在朝廷的評價裡,他需要的可能不是更多奇特、漂亮的景色,那些景色再漂亮,他還是在囚牢裡觀看,出不去。所以他需要的是內在的轉化,我把它理解成「一種把自己提起來的可能」,這種轉化需要契機,是「一種高卓特異的隔絕,一種保持距離的寧定,一種抖落俗塵的壯闊」,這些特質,西山足以提供。當然,只是可能性而已,不是掛保證,所以我說「這次的西山登頂,提供了這樣的契機」。

以前的人到山裡找地方修行,環境的選擇至關重要。因為那個環境所引發的空間感,時常會不知不覺改變人的內在反應。好看的奇山異水,當然也可以引起愉悅感,但是力量不夠,我們有時就是需要大山,需要一種高絕的空間經驗。譬如我們看到某些山,會雄心頓起;看到某些水,會覺得塵慮俱忘。西山的高絕(雖然實際海拔不是很高,但如我文中所說,它可能勝在形勢),提供了那樣的空間經驗,所以我在前一篇裡舉了三個角度來談:「登頂之後,從仰到俯,各種無形的心理壓迫感得到了鬆動和緩解;審美距離拉開以後,從大到小,強烈的現實感轉成了有距離的審美觀照;絕頂四顧,從多到一,宇宙的多樣性混同在極目所見的藍天裡了。」

這些空間經驗,是契機,也就是讓人有機會腦子一轉,把禁錮的靈魂放出去了。如果沒有那樣的尋求安頓的渴望,換一個人來這裡走走,也許什麼也不發生,就是累得半死跑了一趟西山,如此而已。但是對柳宗元來講不是,他的腦子裡一直在找,一直想在山水裡找安頓,只是都在強烈的動機裡，總一直在尋找類似的東西來替換，結果是一次一次看起來身體逃離了現場，而其實心裡仍停留在現狀。這樣的尋訪雖然徒勞無功，但這樣的念頭不是沒有意義的，它可能一直在積澱，在等待發酵，一直要等到一個異質的東西進來，提供一個轉化的契機，它才成功地把自己提上去。

這個轉化的契機，我想確實是偶然發現的西山所提供的。

最後，同事寫了一段話：「登上西山後視角的轉變拉開了距離而產生審美感受，但審美的對象是培塿小山，那距離是空間距離，而柳要從困頓屈辱中提起自己，那要的是心理距離，要拉開的是與現實的距離，這兩者我還是無法連結……」

我覺得，這可能跟當事人的問題意識強度、渴望解決的程度有關，當這種「想找生命出路」的渴望很強的時候，在空間中遇到的經驗，是相對比較容易誘發聯想和靈悟的。

比如說，我們在高山往下看的時候，會看到平常覺得很快的那些車子，此刻看來，都慢得像龜速的螞蟻，在那裡緩緩移動。

這個畫面對很多人來說，可能沒有聯想，但我確曾因此被激發出聯想和感悟。因為平日咻咻呼嘯而過的汽車所帶來的壓迫感太大了，但在高山上遠距離地俯瞰時，那種慢速的程度簡直滑稽得可笑，這種強烈的對比，會讓我想到：距離在生命裏造成的效應，真是大得不可思議。這就是一個在空間距離中契入心理距離的情況。

我還有一個奇特的經驗，奇特到有點不好意思說，就是「紫微斗數排盤」。譬如，以前當我的生活發生非常不開心的事情時，我偶然想起自己的命盤，會自己排一下命盤。結果排出來一看，腦部的緊張感居然在某一個瞬間鬆動了。為什麼呢？因為所發生的天大的事情，在命盤上看來就是一格，但整個生命的盤一直在流轉，那一格一下就過了，馬上就要進入下一格。在整張命盤前面，每一格都在流轉中，都是馬上過去的東西，這一想，那種事件的巨大壓迫感會突然減輕許多。

這當然不算是真正的空間經驗，但是因為換了一個方式觀看、拉開了一種距離，也好像在俯瞰整個生命的流轉歷程，結果心理距離也隨之拉開，這種效應應該不是不可能的。

心理距離的形成，我們時常把它看成是涵養的工夫，所以可能覺得其他的距離性質似乎不同，不知如何連結。把心理距離看成涵養工夫，當然也不能說不對，但是這個工夫不是說要拉就能拉開的，不能說「喔，我不要在乎」就可以不在乎。所以我們需要某些情境去契入。

比如剛剛說的第一個例子，高空俯瞰車流，那是從空間距離去契入，但也有時候是通過時間距離去契入。像「大江東去浪淘盡千古風流人物」、「滾滾長江東逝水，浪花淘盡英雄」這些話，看起來好像長江是空間，但是它其實是從空間轉成了時間，作者往後面退出來，在距離裡觀看時間的長流，於是就「慣看秋月春風」了。

一般來講，到底是時間距離還是空間距離，有時沒那麼絕對，但總之可能會引生心理距離的聯想，也就是一種退出來看、隔著距離看的概念。有的人退出來，把整個人類活動做一場距離觀照，譬如「唐虞揖讓三杯酒，湯武征誅一局棋」，人家覺得天大的不得了的偉業，他拉開距離一看，就像玩兒似的，棋盤上的一場遊戲，不覺得有什麼大不了。這就是古人說的「做大丈夫把萬古看作晝夜，此襟懷就海闊天高」。

對柳宗元來講，官場的折辱很痛苦，一直出不去，所以「把天大的事情看小了」，正是他最需要的視角。「岈然窪然，若垤若穴」正好是那樣的一個畫面，平常覺得大得不得了的景象，此刻突然變小了。這樣的一種轉換，在一個山形地勢雄秀的西山裡發生了，於是提供了靈悟的契機。

其實古人這樣的聯想很多啊，「孔子登東山而小魯，登泰山而小天下。」那個「小」字，就有一種「原來不過爾爾」的鬆快和恍然。杜甫「會當臨絕頂，一覽群山小」，可能也不只是在空間經驗的描述，同時也映射著某種心理高度。

關於拉開距離，其實還有一種方式，就是酒。《世說．任誕》裡的王蘊說：「酒正使人人自遠。」他們發現，酒就是讓人退開來、拉開距離觀看的一種媒介，這種時候，人變得比較自由了。

我們看歐陽脩說：「山水之樂，得之心而寓之酒」，山水跟酒，其實是完全不一樣的東西，難道有什麼相關嗎？我覺得相關處就在「自遠」。「自遠」是心靈內部的距離，有了距離以後，就可以「引人著勝地」，酒是這樣，山水也是，它們都是審美距離產生的效應。

中國人的山水之樂，常常是一種拉開距離地觀看，所以在畫裡面表現山水時，講求以虛映實，講求留白所見的無限深遠，這看起來是純乎空間的，但「山水以形媚道」，空間經驗裡帶來的，卻都是生命的體悟，所以從空間距離連結到心理距離，應該還是有可能的。

虬髯客傳

「武俠小說」屬於通俗文化，在過去的社會裡，多少會遇到「難登大雅之堂」的譏評。但時代悄悄在改變，現在的中學課本裡，已有許多版本選了金庸小說的片段，已經入選的包括《射鵰英雄傳》、《神鵰俠侶》和《天龍八部》。

但事實上，有一篇「武俠小說」在更早之前就已放進了教科書，並且被當作重要的課文，長期教授，只是大家沒有意識到它是「武俠」而已。那就是杜光庭的〈虬髯客傳〉。

〈虬髯客傳〉很可能是武俠大家金庸的啟蒙之作。據他自述，高一那年，他就曾寫過一篇〈虬髯客傳的考證和欣賞〉，二十餘年間，每翻到〈虬髯客傳〉，往往又重讀一遍。他甚至明白地說：「〈虬髯客傳〉一文虎虎有生氣，或者可以說是我國武俠小說的鼻祖。」如他所說：

這篇傳奇為現代的武俠小說開了許多道路。有歷史的背景而又不完全依照歷史；有男女青年的戀愛；男的是豪傑，而女的是美人（「乃十八九佳麗人也」）；有深夜的化裝逃亡；有權相的追捕；有小客棧的借宿和奇遇；有意氣相投的一見如故；有尋仇十年而終於食其心肝的虬髯漢子；有神秘而見識高超的道人；有酒樓上的約會和坊曲小宅中的密謀大事；有大量財富和慷慨的贈送；有神氣清朗、顧盼煒如的少年英雄；有帝王和公卿；有驢子、馬匹、匕首和人頭；有弈棋和盛筵；有海船千艘甲兵十萬的大戰；有兵法的傳授……所有這一切，在當代的武俠小說中，我們不是常常讀到嗎？這許多事情或實敘或虛寫，所用筆墨卻只不過兩千字。每一個人物，每一件事，都寫得生動有致。藝術手腕的精煉真是驚人。當代武俠小說用到數十萬字，也未必能達到這樣的境界。

正如他的分析，〈虬髯客傳〉的成就和影響是毫無疑問的。但是，到底什麼是「俠」呢？這在歷朝歷代裡，大家的理解其實都不大相同。

有年輕的孩子來問，解讀〈虬髯客傳〉，能不能往「俠」的方向去解釋？怎麼理解比較好？又看到網上說：「俠之為大者，為國為民；俠之小者，為友為鄰。」問我這話能不能用。

「虬髯客」確實是俠，無論是後代所謂俠義小說或武俠小說，往往都把〈虬髯客傳〉當作祖師爺。作者描寫虬髯客，就是從「俠」的氣象開始，這點沒有問題。

但對於這種網路名言，我的建議是：「這些話，最好都不要用。因為，歷史上根本就沒有這些說法，這都是現代網路寫手杜撰的句子。太淺，而且沒有根據。」

這話有一小半是從金庸抄出來改寫的，原文是：「為國為民，俠之大者。」即使是金庸原文，這觀念也是後起的編造，沒有歷史文獻的根據。

那麼，金庸可不可以這樣創造呢？可以的，他有完整的小說和義理，去支撐他這個新創的命題。等到後面再加個「為友為鄰」，不但蛇足，而且離題更遠了。

「俠」本來的意思，是「以力挾人」，他有「憑著武力讓別人聽話」的意思。後來的人解釋這個俠，還有個詞叫做「同是非」，也就是說，「是哥兒們我就挺你」。

所以「俠」本來不算是什麼特別好的字眼，他跟武力、暴力有關，有時候還跟權力也結合在一起。他會照顧人，但更在乎的不是公義，而是私情。他也會違法亂紀，讓國家政府頭痛，所以現有的歷史文獻上，第一個對俠作出評斷的是韓非子，他說「俠以武犯禁」。

「俠」的意義得到提升和擴大，主要是漢代的事情。司馬遷寫《史記》，創造了「游俠列傳」的體例，裡面有一段話說：「**其行雖不軌於正義，然其言必信，其行必果，已諾必誠，不愛其軀，赴士之阨困，蓋亦有足多者焉。**」

他別出「游俠」這一類，以與當時魚肉鄉里的豪俠做出區別，「俠」的意義才得到擴充和提升，有了較為正面的意涵。

其中最重要的是，他扣上了《論語》中「士」的描述：「言必信、行必果」，在「已諾必誠」的後面加上了「不愛其軀、赴士之阨困」，這就兼有了「仁」和「義」的義涵。這些描述，使得「俠」有了完整的義理支撐，甚至與儒家的聖賢之道能夠相應了。

司馬遷〈游俠列傳〉的影響力很大，後代「俠」的意義和認知就開始轉向了。等到唐代的李德裕撰寫〈豪俠論〉，提出「非俠不立，俠非義不成」的命題，把俠和義的關係做了嚴謹的分析和闡述，就算是相當經典的論述了。

但一般來說，唐人對於「俠」的觀念，還是混雜著一些血氣的力量、超越現實的浪漫，也混雜了許多暴力的想像，他們對於「俠」與「義」的關係是否如此清楚的意識，恐怕大有問題。如果我們用後代對於「俠」的各種延伸發揮，來套在唐代傳奇的頭上，會有很多扞格之處。

譬如我們看「聶隱娘」的故事裡，那種俠客的身影充滿了詭秘和暴力的色彩，他們的出處進退、行事作風，和讀書人所闡述的「俠」，和我們後代所想像的「俠」，顯然還是頗有距離。

相較來說，〈虬髯客傳〉裡面的人物描寫，倒是正面爽朗的多，包括胸襟、氣度、眼界，關於人物品質的描述，都顯得立體而有層次，在義理上可能展開的空間也大得多，無怪乎它被推尊為「武俠小說的鼻祖」。

如前所述，唐人對於俠的想像，主要還是一種超乎常人的力量，並且帶著不可測度的神秘感。而〈虬髯客傳〉中的人物塑造，又進一步把這種超越性的力量，延展到人格上。

也就是說，虬髯客這個「俠」，不只是具有神秘的、超越常人的力量，而且對道義有一定的堅持，甚至有捨己為人的胸懷。特別是，既有殺伐龍戰之力，又有能讓能捨的胸懷，提得起、放得下，於是，這個「俠」的形象比先前漢魏六朝的「俠」，很明顯要高大得多。

換句話說，他已經不只是咻咻咻地飛劍斬人頭，不只是來無影去無蹤地高來高去，而且他懂兵法，能夠統兵作戰。他還懂天下大勢，對於爭雄天下，能預估要投入多少資源、多少兵力、多少時間。他已經有了出將入相之能，也可以獨霸一方，成為一方諸侯，幾乎要與天子分庭抗禮了。

應該注意的是，〈虬髯客傳〉的作者，其實並不是要把人的各種品質放進「俠」的框框裡，去延展、拓寬「俠」的意義；相反的，他是抓住了「俠」的義涵中所具的「超越性」特質——也就是「俠氣」——來鎔鑄他的小說人物，使他的小說人物躍然紙上，「虎虎有生氣」。

對後代的人來說，俠義小說或武俠小說已經成了一個文類，自然要去尋找祖師爺，於是選定了〈虯髯客傳〉，認定他是鼻祖。但是對於唐末的作者來說，卻未必有這種開創新文類的意圖，也未必在乎所謂「俠」的定義，要去將「俠」的意涵完整化。我相信，他絕不是要去寫「俠義」或「武俠」小說，他要寫的，只是英雄小說或天命小說而已。

所以，他所在乎的並不是「俠」的塑造，而是藉著那股飛揚跋扈的俠情氣概，來寫精采的英雄人物而已。

是的，他要寫的是英雄小說，不是俠義小說，也不是武俠小說。金庸說他是武俠小說，其實只能說是來自後人的追念、景仰、向慕和崇拜。杜光庭真正要寫的，其實是英雄、美人和帝王的故事，所謂俠情豪氣，只是其中的人物要素之一而已，並非主題，也不是要點。

這對俠義觀念的發展來說，其實是好事情。他沒有要劃定一個框框，告訴我們「什麼是俠」，而只是抓住了俠情豪氣的一種「超越性」的特質，來描繪他筆下的人物，使他的人物骨骼挺秀、豐神飽滿，這使我們對「俠」的想像得到自然的擴充和延展，而且視野不再停留在「俠」的層次上，而能夠一路往上開拓，思考「人的更大可能」。

於是，這個人物就顯得特別豐富而有層次，非常立體。首先，他是一個俠客，他可以長年追殺一個負心人，砍腦袋、割心肝，這裡面有俠義，但也有暴力。

其次，他闖進人家的旅店，躺在人家新婚的床上，看人家漂亮的老婆梳頭，蠢蠢欲動，幾乎有些邊疆民族「搶婚」的味道，和漢人的禮法規矩、甚至為人的分寸都違背了，這裡面當然已經不是俠義，而是暴力。

但是他被紅拂女折服了，三言兩語就折服了。甘心退讓，不搶親了，退下來當個結拜大哥。這裡面不是俠義，簡直有點君子氣味，甚至是紳士風度。換句話說，對待女人，他褪去了野獸剛猛粗豪的氣息，拿捏了分寸。

再往下，就遠遠不是在談俠義或君子了，而是在談英雄的眼界和胸懷。

什麼叫做「英雄」？劉邵的《人物志》裡面說，「聰明秀出謂之英，膽力過人謂之雄。」簡單地說，就是超乎常人。

《三國演義》裡說，「英雄者，胸懷大志，腹有良謀，有包藏宇內之機，吞吐天地之志。」也就是說，所謂英雄，最要緊的是有腦子、有胸襟，見得透、放得下、做得成。

在這些意義上來說，毫無疑問，虬髯客完全是個英雄，已經遠遠不止是個俠客。

他有本事逐鹿中原，準備要「龍戰三二十載」，但見到李世民以後，他退出了這場爭逐。主要原因當然是「見之心死」，因為李世民「真天子也」，可是這裡面有一個更重要的原因，是李世民出現後，「三五年內，即當太平。」這表示什麼呢？一是我打不過他，二是按我原先預計，也得打個二三十年，不像人家三五內搞定，若我繼續打，那就要死更多的人、亂得更久。

所以，他不但退出了美人爭奪戰，也退出了英雄爭奪戰。他的退出，一是眼界高遠，二是胸襟開闊，為了讓天下儘速太平、縮短百姓痛苦的時間，他索性把兵法傳給了李靖，把驚人的財富也給了李靖。這已經不只是英雄了。

他雖然沒能成為李世民那樣的帝王，但是他面對了世局大勢，接受了條件不足的事實，然後盡捐家財，以期儘速脫民於水火，公而忘私，捨己從人，這哪裡只是「俠」，哪裡只是「英雄」，這種氣度，已經近乎聖哲氣象了。

所以我方才說，杜光庭並沒打算定義「俠」、凸顯「俠」，他要寫的是英雄，而且是英雄的極大化，這個人身上有俠骨英風不假，可他已經遠遠不只是俠了。他還是英雄，既是尚情重義的英雄，也是充滿野性和草莽氣味的英雄。但他又沒有停在這裡，他一路往上，知人、知兵、知勢、知天下，他有出將入相之才，有與天子相持抗禮之勢。

所以，作者寫的其實是一個大時代的人物，一種極大化的可能，是俠客而不只是俠客，是英雄而不只是英雄，是包藏宇內、吞吐天地的人物，也是散盡家財、無所拘礙的出世豪傑。

那麼，我們可能會有一個疑問，如果是這樣，他哪裡不如李世民了呢？憑什麼他就要退、李世民就要當天子呢？

這裡就牽涉到古人對「天命」的想像了。所謂天命或大數，渺茫難知，大勢所至，非人力所能逆轉。換句話說，即使你有翻雲覆雨之手，翻天覆地之能，也得接受一個事實：人不如天，人算不如天算。這個觀念，出於古人對天的敬畏，對未知的虔誠，對一己意志的謙卑和克制，這裡面有道家思想的氣味。

其次，就是關於天子的想像。虬髯客和李世民雖然沒有正式交手，但他們出場時顯示了高低。李世民的出場，是「精采驚人，長揖而坐，神清氣朗，滿座風生，顧盼煒如也。」「不衫不履，裼裘而來，神氣揚揚，貌與常異。」

這樣的描寫，和虬髯客的區別在哪裡呢？在「有」和「無」的區別。

虬髯客是「龍虎之姿」，是「有」的極致。李世民則連這個形象也超越了，已經進入了「無」。他身上表現出來的，就是一種神氣，一種光亮，一種精采。那是什麼呢？就是天的氣象。天，就是無邊無際。

如果說，虬髯客是寫人的精采，龍虎將相，把他寫到了極致；那麼李世民就不在這個範疇，他代表的是天，是無限大。是謂真命天子。

當然，歷史上的李世民是不是真的如此，那並不重要。至少對這部小說來說，他能表達出一種人的極致（英雄），一種天的氣象（帝王），已經夠了。

三蘇的〈六國論〉

在國文課的教學現場上，蘇洵的〈六國論〉其實算是很簡單的一課，不管是遣詞用字、布局章法、修辭技巧或主題思想，內容都很單純，只要給出幾個方向，讓學生進行思考討論，老師再做一點補充，教學的進行並不困難，雖然它是一篇文言文，但可以說是相對容易的一課。

也正因為它容易，不論是教材的編寫者，或是在第一線進行教學的國文老師，都很容易「習焉而不察」地接受傳統的制式說法：譬如北宋「積弱不振」啦、朝廷每年對遼、夏納幣求和，造成國庫空虛啦，歲幣成為北宋朝廷沉重的財政負擔啦……等等。然後照課本「題解」裡說的：

在文中，作者引古鑒今，藉戰國時六國因賂秦而自取滅亡的事例，以諷北宋當時對契丹、西夏納幣求和之退怯政策。

〔案〕這一段文字，引自國編本蘇洵〈六國論〉的「題解」原文。其他各家的版本內容大同小異。

我們也認真地跟著宣講解釋一遍，或者做成講義，再補充許多註釋，很認真地進行教學。

講完這一課，更認真的老師可能還要再加上幾句史料的補充：「蘇洵死後六十年，終於爆發了靖康之變，北宋果然重蹈了六國的覆轍，為後起的金所滅，徽、欽二帝被俘，客死異鄉」等等。照這個思路看下來，蘇洵不但文章寫得氣勢磅礴，筆力萬鈞，而且命中要害，還準確預言了北宋的滅亡，簡直是洞明燭照，察微前知了。

我剛開始也是這麼教的。但教到後來，卻發現國語文教學只做到這裡，真的太淺了，而且問題多多。國語文教學當然要字詞文法、篇章結構、寫作技巧、文章意旨，這都是國文老師的基本功，也確實該做。但只照這個思路講課，免不了逐漸養成一種習慣，好像老師就是要告訴學生：這篇文章寫得如何之好，我們要如何學習他的方法技巧和主題思想，把這些東西教完了，就大功告成。

如果只是這麼走一遍，在這個過程裡，我們自己和學生的「問題感」其實都沒有機會被引發出來。我們光顧著怎麼學習寫文章了，但看問題的能力卻不夠。我所謂的「問題感」，包括很多層意思，一是這篇文章真正關注的主要問題是什麼？它想要怎麼解決？二是這篇文章本身的思路有沒有問題？會不會它其實看錯了？三方面是這篇文章說的那些東西到底管不管用？實不實際？我們如果能夠這樣一層一層問下去，也許就有機會看見每一篇文本真正的問題，甚至漸漸能夠發前人所未發，這是國語文教學應該要有的前瞻能力。

文史不分家，那麼，我們的歷史是怎麼學的？「兩宋三百餘年，一直都是重文抑武，在軍事上屢受外敵之辱，時常被稱為『弱宋』。」這是我們的基本認知，所以只要講到宋朝的文章，碰到相關的主題，我們一律都用這個基本認知去解讀。蘇洵的〈六國論〉隱諷北宋當時對契丹、西夏納幣求和之退怯政策，理所當然，似乎一定要用這個認知去解讀。

可是我們在習以為常地批評「弱宋」時，卻時常忽略一件事：宋朝在經濟、文化、科技、農業、工商業、手工業等諸多方面都達到了中國古代社會的巔峰，其成就超過了之前的隋唐和之後的明清，它是中國歷史上唯一一個沒有抑制工商業的朝代，並且極力發展對外貿易。雖然不斷的納貢稱臣，但國庫歲收依然充裕。

這裡面的矛盾太大了。北宋到底是一個「國庫歲收依然充裕」，富得流油的時代，還是一個被「歲幣」拖垮財政、國庫負擔沉重的朝代？北宋如果這麼「弱」，那司馬光〈訓儉示康〉裡面「走足類士服，農夫躡絲履」的荒唐奢侈又是怎麼回事？

也許我們可以來看看這些說法——

(1)內藤虎次郎（一八六六—一九三四，日本「支那學」創始人之一）說：「宋代是一個新時代的開始。」「唐和宋在文化性質上有顯著差異：唐代是中世的結束，而宋代則是近世的開始。」

(2)謝和耐（JacQue Gernet）：宋代是「中國的文藝復興。」「華夏民族之文化歷數千載之演進，造極於天水一朝。」（鄧廣銘《宋史職官志考證》序）

(3)陳寅恪：「宋文化是華夏民族文化的最高成就，宋文化是今後文化發展的指南，我國民族文化的更新，必將走上『宋代學術之復興』，或『新宋學』之建立的道路。」

對於宋朝的文化成就，也有人這樣概括：「宋朝既是中國傳統文化和經濟、科技最發達的朝代，也是中國資本主義開始萌芽的時代。那個時代，中國佔世界 GDP 總量要超過一多半。宋朝的經濟實力、科學技術和文明程度在當時都是世界第一。」[1]在中國歷史上，宋朝是最接近現代管理的朝代，在某種意義上，也是中國文化的巔峰時代，陳寅恪甚至說：「華夏民族之文化，歷數千載之演進，而造極於趙宋之世。」

這和我們過去對「弱宋」的認知，差距是不是太大了？宋朝到底是民生富裕、文化進步的巔峰時代，還是那個積弱不振、只會退怯納幣求和的「弱宋」？我們若只是人云亦云，含糊過去，對這些問題也就無從發現。於是，國語文教學常常只能停留在基礎知識、文字技巧、文章作法上，這是國語文教學最容易受人詬病的地方。

所以，在進行蘇洵〈六國論〉的教學時如果教師字詞篇章、典故佳句、寓意解說之外，還想要有更高的追求，通過引發學生多元的思考，進行比較深入的思考訓練。那麼，我首先想要提出一個有趣的練習方式，就是設計這樣的一道題目：

> 請仔細閱讀三蘇父子的〈六國論〉，為三篇文章的意旨做出概要的評述，略加比較。然後說說自己最欣賞最肯定的是哪一篇，並說明理由。

北宋的三蘇父子，分別都寫了同名的〈六國論〉。他們的〈六國論〉各有所重，也各擅勝場，

[1] 見〈唐宋在日本，明朝在韓國，大清在中國，民國在台灣〉一文，作者：斷雁叫西風。引自「超越新聞」，網址為 https://beyondnews852.com/20160507/25508/

若將這三篇同名之作先做一場概略的比較，將能見出三篇作者各自關懷的不同主題，以及他們看問題的切入方式。

（一）蘇洵的〈六國論〉

六國破滅，非兵不利，戰不善，弊在賂秦。賂秦而力虧，破滅之道也。或曰：六國互喪，率賂秦耶？曰：不賂者以賂者喪，蓋失強援，不能獨完。故曰：弊在賂秦也。

秦以攻取之外，小則獲邑，大則得城。較秦之所得，與戰勝而得者，其實百倍；諸侯之所亡，與戰敗而亡者，其實亦百倍。則秦之所大欲，諸侯之所大患，固不在戰矣。思厥先祖父，暴霜露，斬荊棘，以有尺寸之地。子孫視之不甚惜，舉以予人，如棄草芥。今日割五城，明日割十城，然後得一夕安寢。起視四境，而秦兵又至矣。然則諸侯之地有限，暴秦之欲無厭，奉之彌繁，侵之愈急。故不戰而強弱勝負已判矣。至于顛覆，理固宜然。古人云：「以地事秦，猶抱薪救火，薪不盡，火不滅。」此言得之。

齊人未嘗賂秦，終繼五國遷滅，何哉？與嬴而不助五國也。五國既喪，齊亦不免矣。燕趙之君，始有遠略，能守其土，義不賂秦。是故燕雖小國而後亡，斯用兵之效也。至丹以荊卿為計，始速禍焉。趙嘗五戰於秦，二敗而三勝。後秦擊趙者再，李牧連卻之。洎牧以讒誅，邯鄲為郡，惜其用武而不終也。且燕趙處秦革滅殆盡之際，可謂智力孤危，戰敗而亡，誠不得已。向使三國各愛其地，齊人勿附於秦，刺客不行，良將猶在，則勝負之數，存亡之理，當與秦相較，或未易量。

嗚呼！以賂秦之地，封天下之謀臣，以事秦之心，禮天下之奇才，并力西向，則吾恐秦人食之不得下咽也。悲夫！有如此之勢，而為秦人積威之所劫，日削月割，以趨於亡。為國者無使為積威之所劫哉！

夫六國與秦皆諸侯，其勢弱於秦，而猶有可以不賂而勝之之勢。苟以天下之大，下而從六國破亡之故事，是又在六國下矣。

蘇洵的〈六國論〉，辭氣鋪張揚厲，有縱橫之風，就閱讀的感受而言，情感色彩強烈，主題聚焦鮮明，又具有強烈的現實針對性，因此一般認為是極出色的史論文章，比他兩個兒子蘇軾、蘇轍的作品得到更多的關注。高中選文，一向都是選他這一篇，而不是選另外兩篇，當然有他的道理。

平心而論，若以文章的感染力而言，蘇洵的作品確實是力道最強，說服的效果也最好。但六國破滅，有其複雜的歷史因素，文中卻將破滅的因素只集中在「賂秦」一事上，認為這完全是心理的懦弱所造成：

有如此之勢，而為秦人積威之所劫，日削月割，以趨於亡。為國者無使為積威之所劫哉！

被秦人「積威所劫」，確是一項心理因素，但在客觀條件上，秦兵勝多敗少，本是不爭的事實，六國的害怕，有其客觀根據，並非純粹懦弱。打不過，當然要害怕，這不是一篇文章說道說道就能不怕的。

六國破滅的主要原因，其實包括：資源分散，意志不堅，戰略搖擺，軍事同盟也不緊密，這些都是六國聯盟無法成功的原因。既然在客觀事實上，六國無法將資源集中、陣線統一、立場貫徹，那麼，秦兵確實有戰勝的實力，本來就能夠以軍事實力支持外交戰略，遠交近攻，各個擊破。

這些因素，蘇洵真的不知道嗎？也未必，但他刻意聚焦在心理層面，渲染情感色彩，以借古諷今，使六國破滅的歷史分析，成了情感豐沛、氣勢十足的政論文字：

> 夫六國與秦皆諸侯，其勢弱於秦，而猶有可以不賂而勝之之勢。苟以天下之大，下而從六國破亡之故事，是又在六國下矣。

單以文章的感染力而言，蘇洵這篇文章當然沒有話說，寓情於理，情理兼具，氣勢豐沛。但如果讀者細加推敲，可能就會意識到，這只是一篇漂亮的文字，事實上是做不到的。

他所說的「以賂秦之地，封天下之謀臣，以事秦之心，禮天下之奇才」，基本上就是不可能發生的。「封天下之謀臣」，說來容易，但六國之君，識人、用人之能本來就不一，誰是真正有用的謀臣，誰是耍嘴皮子的縱橫策士？沒有一點眼力，根本就無法分辨。「封天下之謀臣」這一句是很有氣勢，可是謀臣在哪兒不知道，六國連軍事戰略都無法統一貫徹，對謀臣的辨識能力更加參差不一，去哪兒「封天下之謀臣」？這話既然不能落實，就是空話。

「封天下之謀臣」是空的，秦的強大卻是實的，而且是鐵的事實，六國不論是哪一國，只要吃過敗仗，被秦國狠狠修理過一次，就能知道秦軍的威力。甚至不用親身挨揍，只要看見隔壁鄰居挨了揍，就不能不害怕。這種鐵的事實，才能真正影響人的心理和判斷。

如上，謀臣無法識別，強秦卻顯而易見；謀臣的效益不可確知，暴秦的威嚇卻近在眼前。那麼，這些君主會聽誰的？打不過別人，「賂秦」幾乎是必然的結果，不是主觀上說說「無使為積威之所劫」，就能真的「無使為積威之所劫」的。

所以，蘇洵的文章是漂亮，但事實上只是空懸的理想，做不到。我們只能說，這是好文章，但也就只能說說，這些話解決不了實際問題。我們真想改變大局，還得想想其他的法子。在這個問題上，他的兩個兒子寫的文章，都比他好。

（二）蘇轍的〈六國論〉

愚讀六國世家，竊怪天下之諸侯，以五倍之地，十倍之衆，發憤西向，以攻山西千里之秦，而不免於滅亡，常為之深思遠慮，以為必有可以自安之計。蓋未嘗不咎其當時之士，慮患之疎，而見利之淺，且不知天下之勢也。夫秦之所與諸侯爭天下者，不在齊、楚、燕、趙也，而在韓、魏之郊；諸侯之所與秦爭天下者，不在齊、楚、燕、趙也，而在韓、魏之野。秦之有韓、魏，譬如人之有腹心之疾也。韓、魏塞秦之衝，而蔽山東之諸侯，故夫天下之所重者，莫如韓、魏也。

昔者范睢用於秦而收韓，商鞅用於秦而收魏，昭王未得韓、魏之心，而出兵以攻齊之剛壽，而范睢以為憂。然則秦之所忌者，可以見矣。秦之用兵於燕、趙，秦之危事也。越韓過魏而攻人之國都，燕、趙拒之於前，而韓、魏乘之於後，此危道也。而秦之攻燕、趙，未嘗有韓、魏之憂，則韓、魏之附秦故也。夫韓、魏諸侯之障，而使秦人得出入於其閒，此豈知天下之勢邪？委區區之韓、魏，以當強虎狼之秦，彼安得不折而入於秦哉？韓、魏折而入於秦，然後秦人得通其兵於東諸侯，而使天下徧受其禍。

夫韓、魏不能獨當秦，而天下之諸侯，藉之以蔽其西，故莫如厚韓親魏以擯秦。秦人不敢逾韓、魏以窺齊、楚、燕、趙之國，而齊、楚、燕、趙之國，因得以自完於其閒矣。以四無事之國，佐當寇之韓、魏，使韓、魏無東顧之憂，而為天下出身以當秦兵。以二國委秦，而四國休息於內，以陰助其急，若此，可以應夫無窮。彼秦者，將何為哉？不知出此，而乃貪疆場尺寸之利，背盟敗約，以自相屠滅，秦兵未出，而天下諸侯已自困矣。至使秦人得伺其隙，以取其國，可不悲哉！

就文章的整體氣勢來說，蘇轍的〈六國論〉和他爹差很多。這主要是蘇洵的文章千鈞之力，集於一點，有萬馬奔騰、萬流歸宗之勢，非常明暢。但蘇轍的文字紓徐和緩得多，他講得細、說得緩，分幾個層面一處一處講，像小水流繞著彎兒在走，讀起來當然沒有蘇洵的〈六國論〉來得痛快。

這裡首先要指出蘇轍和蘇洵〈六國論〉的相似處：他和父親同樣關注六國破滅的歷史原因，也同樣從心理因素切入：

常為之深思遠慮，以為必有可以自安之計。蓋未嘗不咎其當時之士，慮患之疏，而見利之淺，且不知天下之勢也。

簡單來說，只會「見利」，不會「慮患」，而且「不知天下之勢」。這是文章一開始的主要判斷。相較於蘇洵的文字，他的情感色彩刷淡了，理性分析的層面增加了。他開始從「地理環境」考慮國際關係，從而提出具體的外交戰略：

夫韓、魏不能獨當秦，而天下之諸侯，藉之以蔽其西，故莫如厚韓親魏以擯秦。

蘇洵只說六國要打、而且要團結起來打（原文是「以賂秦之地，封天下之謀臣，以事秦之心，禮天下之奇才，并力西向」），但六國各懷鬼胎，怎麼可能團結？要打又怎麼打得過？這些實際層面的複雜性，蘇洵那篇文章不太理會，他寫的是理想中頭腦清楚、意志堅定的六國，這個理想根本就漂浮在他的想像裡，從來就不存在。

相較而言，蘇轍的態度更務實、策略更具體，而且思考層面涵蓋了地理、外交、經濟、軍事等各層面，就算是放在今天，也是極具現代性的戰略文字。

「秦之所與諸侯爭天下者，不在齊、楚、燕、趙也，而在韓、魏之郊」，「諸侯之所與秦爭天下者，不在齊、楚、燕、趙也，而在韓、魏之野」，這兩句很明顯是從地理位置來考慮軍事的戰略問題。正因為韓、魏兩國是「塞秦之衝，而蔽山東之諸侯」，所以是「天下之所重」。

齊、楚、燕、趙最大的錯誤，就是「委區區之韓、魏，以當強虎狼之秦」，韓、魏被逼得沒有辦法，所以「安得不折而入於秦哉？」這完全是軍事戰略上的巨大錯誤。所以他主張，天下之諸侯應該「藉之以蔽其西」，所謂的「厚韓親魏以擯秦」、「以二國委秦，而四國休息於內，以陰助其急」，就是通過外交和經濟上的綜合運用，來支持東方六國的整體戰略。

生活在現代的我們，大概不能不承認，政論文章真正的價值，其實不在文采、氣勢和感染力，而更應在於長遠的眼光和具體的建議。

蘇洵的文章也許警告了北宋政權，也預告了北宋的覆亡（原文是「苟以天下之大，下而從六國破亡之故事，是又在六國下矣。」），這感慨當然沉痛，但這些理想的建議，因為沒有考慮到實際的經濟、社會層面，也沒有設計更具可行性的整體配套措施，更像是一種純粹的精神喊話。一個被打到害怕的政府，叫他不要怕、要卯起來打，那不是空話，是什麼？所以，要進行國家戰略的全局思考，蘇轍的文章對後世來說，比蘇洵的〈六國論〉更具啟發性，也更務實。

到了今天，我們對於鄰國應採取何種策略和態度，「地緣關係」仍然一直是重要的考量因素，對哪些鄰國是否施與援助，援助的力道應該有多大，也一直是國家生存發展的大課題。蘇轍的文字不凶悍、不威猛，沒有千軍萬馬的力道，卻很實際。

我們教國文的，是要教學生寫出一篇筆力千鈞，卻不能落實的漂亮文章呢？還是要紮紮實實地，讓他們學會思考實際問題，寫出真正有用的文章呢？通過這兩篇文章的比較，可以讓我們對這個問題進行一點深沉的省思。

（三）蘇軾的〈六國論〉

春秋之末，至於戰國，諸侯卿相皆爭養士。自謀夫說客、談天雕龍、堅白同異之流，下至擊劍扛鼎、雞鳴狗盜之徒，莫不賓禮，靡衣玉食以館於上者，何可勝數。

越王句踐有君子六千人；魏無忌，齊田文，趙勝、黃歇、呂不韋，皆有客三千人；而田文招致任俠奸人六萬家於薛，齊稷下談者亦千人；魏文侯、燕昭王、太子丹，皆致客無數。下至秦、漢之間，張耳、陳餘號多士，賓客廝養皆天下豪傑，而田橫亦有士五百人。其略見於傳記者如此，度其餘，當倍官吏而半農夫也。此皆姦民蠹國者，民何以支而國何以堪乎？

蘇子曰：此先王之所不能免也。國之有姦也，猶鳥獸之有鷙猛，昆蟲之有毒螫也。區處條理，使各安其處，則有之矣；鋤而盡去之，則無是道也。

吾考之世變，知六國之所以久存而秦之所以速亡者，蓋出於此，不可以不察也。夫智、勇、辯、力，此四者皆天民之秀傑者也，類不能惡衣食以養人，皆役人以自養者也，故先王分天下之貴富與此四者共之。此四者不失職，則民靖矣。四者雖異，先王因俗設法，使出於一。三代以上出於學，戰國至秦出於客，漢以後出於郡縣吏，魏、晉以來出於九品中正，隋、唐至今出於科舉，雖不盡然，取其多者論之。

六國之君虐用其民，不減始皇、二世，然當是時百姓無一人叛者，以凡民之秀傑者多以客養之，不失職也。其力耕以奉上，皆椎魯無能為者，雖欲怨叛，而莫為之先，此其所以少安而不即亡也。始皇初欲逐客，因李斯之言而止。既併天下，則以客為無用，於是任法而不任人，謂民可以恃法而治，謂吏不必才取，能守吾法而已。故墮名城，殺豪傑，民之秀異者散而歸田畝。向之食於四公子、呂不韋之徒者，皆安歸哉？不知其能槁項黃馘以老死於布褐乎？抑將輟耕太息以俟時也？秦之亂雖成於二世，然使始皇知畏此四人者，有以處之，使不失職，秦之亡不至若是速也。縱百萬虎狼於山林而飢渴之，不知其將噬人，世以始皇為智，吾不信也。

楚、漢之禍，生民盡矣，豪傑宜無幾，而代相陳豨過趙，從車千乘，蕭、曹為政，莫之禁也。至文、景、武之世，法令至密，然吳王濞、淮南、梁王、魏其、武安之流，皆爭致賓客，世主不問也。豈懲秦之禍，以為爵祿不能盡縻天下士，故少寬之，使得或出於此也耶？若夫先王之政則不然，曰：「君子學道則愛人，小人學道則易使也。」嗚呼，此豈秦、漢之所及也哉！

蘇軾的這篇〈六國論〉，和前面兩篇都完全不同，他其實不是在思考六國破滅的原因，相反地，他是在分析秦朝速亡的原因，他們討論的，其實不是同一件事。

嚴格講起來，蘇軾甚至不是在論「六國」，而是在論「秦」。他的〈六國論〉等於是北宋版的〈過秦論〉，只是賈誼認為秦的過失在於「仁義不施」，蘇軾則認為是「不知養士」，見地有別而已。

蘇軾關注的焦點，既和前兩篇〈六國論〉都不同，本來是很難比較的，但他們涉及到的當事主體都是「六國」與「秦」，也都涉及國家政策，就他們思考的主要問題來比較，也有一定的實益。

蘇洵和蘇轍的文章，主要都在思考外交戰略的問題，但蘇軾的筆鋒卻轉向了內政。他不是在思考「要和」還是「要戰」的問題，也不是在思考「跟誰和」、「跟誰戰」的問題，而是在思考怎麼樣把內政搞好，特別是關於「人才的安置」和「民力的消化」。

外交學有一個基本的概念：「外交是內政的延長。」「內政」才是長治久安的根本。惟有國力強盛，那些外交策略才有後盾。姑且不論蘇軾的文章到底對不對題（人家的六國論是真的在論六國，他的六國論卻是在論秦，這有點毛病），但以對政治的洞悉而言，蘇軾的嗅覺其實比其他兩篇都敏銳，見地也更深刻。

他特別注意到：人才為朝廷所用，是大臣；為諸侯所用，是才士；若無所用，就變成了遍野奔突的虎狼，必為國家之患：

> 縱百萬虎狼於山林而飢渴之，不知其將噬人，世以始皇為智，吾不信也。

這種思路的深度和力度，其實都超過了他的父親和弟弟，真是「察見淵魚者不祥」，難怪他宦途如此艱難。我們試想，「一般人視為資產的人才」，一轉身，其實就能蠹國害民。」這種思路，哪裡是基本的常識判斷或理想口號能夠相比？這完全是一種深刻務實的洞見。

秦始皇既得天下，覺得以吏為師、恃法而治就夠了，不用再蓄養什麼人才了。但人才的安置本是一件複雜的事情，不是不想理會、或把他揍扁，就可以達到目的的。西方有一句話，「Politics is the art of compromise」，政治是妥協的藝術，政治的世界裡本來就有各種力量的權衡斟酌，不是一刀見骨，就能把事情解決的。

蘇軾似乎也意識到了這一點，他說：

夫智、勇、辯、力，此四者皆天民之秀傑者也，類不能惡衣食以養人，皆役人以自養者也。

這些「智、勇、辯、力」之士，他打的比方是「鳥獸之有鷙猛，昆蟲之有毒螫」，白話來說，那都是「渾身長角」的厲害角色，得拿好東西餵得飽飽的才行，可是厲害的傢伙那麼多，怎麼可能都放在朝廷？帝王如果養不起，或不能全養，怎麼辦？蘇軾的建議是：放給那些山頭（諸侯）來養，能讓他們吃飽喝足，不致作亂。他舉的兩個例子是：

代相陳豨過趙，從車千乘，蕭、曹為政，莫之禁也。

吳王濞、淮南、梁王、魏其、武安之流，皆爭致賓客，世主不問也。

「從車千乘」、「爭致賓客」，這些諸侯所養的，可能就包括前面所說的那些「渾身長角」的狠角色，朝廷並不加以禁止，其意安在？因為若他們有地方安置，國家元氣便得以保全，社會不致動盪，做到這樣，就已經是政治上的成就。漢朝初年這兩個例子就是這麼做的，也許是因為「懲秦之禍」，他們意識到「爵祿不能盡縻天下士」，所以決定「少寬之，使得或出於此」，結果也確有所成。

這種智術的運用，高明是高明了，畢竟過度深沉，距離儒家的理想還是太遠，所以他在文末不得不把筆觸拉回，重新思考先王為政之道：「君子學道則愛人，小人學道則易使也。」他的意思，這些權謀手腕當然都還不徹底，如果可能的話，應該要尋找更徹底的安頓。

以中國古代的政治學而言，政治的本質，不只是妥協的藝術，更是「人盡其才」的最大努力，使天生萬民，各盡其用，既無廢材，也無姦蠹，這才是繼天之志，述天之事，也就是天子的極則。蘇軾的文章，歸結在「君子學道則愛人，小人學道則易使也」，正是人盡其才、各安其位的思路。

這篇〈六國論〉的思路，因和其他兩篇〈六國論〉關注的領域不同，一在六國，一在過秦，本來無法強為比較。但它對政策的思考所產生的啟迪和刺激，顯然更為究竟，也更為深遠。

外交的根本在內政，內政的關鍵在人才，人才的對待和安置，永遠是政治最核心的課題。蘇軾的思路，切入的正是這個核心。人才有很多種，「智周萬物，道濟天下」的賢相，固然必須珍而重之，而「智、辯、勇、力」之士，也必須安而撫之。這種文心周密的程度，已經不只是寫一篇漂亮文章，而且是一堂深刻的政治學課程。這對後代的啟發性，比之前兩篇文章，不只更深刻，也更開闊，更具有啟發性。

如果把三篇〈六國論〉拿來比較，就文章氣勢論，蘇洵無疑居首；就務實可行而言，蘇轍或較出色；但就思想的深刻和啟發性來說，蘇軾一定最高。在這個比較的過程裡，可以更加豁顯出三篇文章的思想意旨，也使我們的閱讀更加全面和深入。這樣回頭再看蘇洵的〈六國論〉，要談論六國得失，我們就更有底氣了。

蘇洵〈六國論〉的誤判

看過三蘇〈六國論〉的比較，再回到蘇洵這篇文章來時，我們很自然就會在文章氣勢之外，開始思考更實際的問題。他文章的最後一段提到：

> 夫六國與秦皆諸侯，其勢弱於秦，而猶有可以不賂而勝之之勢。苟以天下之大，下而從六國破亡之故事，是又在六國下矣。

很明顯地，「天下之大」指的是北宋，「從六國破亡之故事」是他的警告，「有可以不賂而勝之之勢」是用暗示的方式勸告北宋政權不要「賂秦」，也就是不要對外患支付「歲幣」。「北宋連年支付歲幣，將使自己日趨於亡」，是蘇洵文章裡面的基本假定，但很遺憾的，這個假定卻未必成立。

〔案〕在國編版課本中也特別強調，認為「歲幣」為北宋財政沉重負擔原因之一。這個說法有待商榷，將於本文詳細論之。

為究明北宋「納幣求和」的得失，以確立蘇洵的假定是否正確，有必要就納幣的經濟學意義略做探討，本節進一步論之。

(一)「賂秦」的影射：歲幣

蘇洵說：「六國破滅，非兵不利，戰不善，弊在賂秦。賂秦而力虧，破滅之道也。」「賂秦」說的影射內容，當然是北宋的歲幣。在我們一般人的認知裡，正如蘇洵所說：「以地事秦，猶抱薪救火，薪不盡，火不滅。」以歲幣事外患，造成了國力的重大損耗，於是日削月割，不免日趨於亡。這是蘇洵文章裡很明顯的比喻，但是，歲幣的支付，真的會造成北宋的覆亡嗎？

這是一個歷史學的問題，也是國文教學上比較少思考的問題。如果能對歲幣的問題稍加認識，我們可能會發現，蘇洵整篇文章的思路，都建構在一個錯誤的經濟認知之上，他對「歲幣」的影響完全誤解了。

(1) 歲幣的數額

談到歲幣，首先要了解一下宋代歷年所支付歲幣的數額。

①遼：宋真宗景德元年（1004），宋遼達成澶淵之盟，宋朝向遼每年輸送絹二十萬匹，銀十萬兩，稱為歲幣，以換取遼宋和平。宋仁宗慶曆五年（1045），遼國要求增加歲幣，宋遼重新商定，歲幣增加到絹三十萬匹，銀二十萬兩。

②夏：宋仁宗慶曆四年（1044），西夏李元昊與宋朝達成和平協議，商定由宋朝每年以賞賜的名義給西夏歲幣七萬二千兩、絹十五萬三千匹、茶三萬斤，及同意西夏占領已經占領了的宋朝故有

領土。

③金：金國攻打遼時，為換回幽雲十六州，宋向金每年輸歲幣三十萬匹布、二十萬兩銀及一百萬貫錢。宋高宗紹興九年（1139），宋向金稱臣，定歲幣為銀廿五萬兩及絹廿五萬匹。宋孝宗乾道元年（1165）年後，歲幣減為銀二十萬兩及絹二十萬匹。宋寧宗開禧二年（1206），宰相韓侂冑領軍攻打金國失敗。宋寧宗嘉定元年（1208），南宋殺韓侂冑以向金國求和，歲幣增加到銀三十萬兩及絹三十萬匹。

看起來，似乎是給了外國不少歲幣，但它們佔國庫多少的百分比呢？

(2)歲幣與國家財政收入的比例

歲幣當然是讓宋朝君臣最難堪的開支，光是每年給遼國的「賞賜」，就是五十萬兩匹銀絹，給西夏的「賞賜」，是二十七萬五千兩匹銀絹，兩項合計七十五萬五千兩匹銀絹。

但這筆錢數目跟國家財政收入比起來，其實非常懸殊。

宋朝每年國庫的收入是多少？由於缺乏數目字管理，國家財政收支狀況相當混亂。北宋時期的國家財政收入，平均每年在六千三百萬到六千八百萬緡錢之間——宋朝國庫收入之豐，也許遠超過我們的想像。一般來說，一兩是一千錢或一緡。六千多萬（或將近七千萬）和七十五萬的比例是多少？大約百分之一。

如上所說，歲幣的開支，大約只占國家財政收入的百分之一，完全沒有拖垮國家財政、損傷國力的條件。宋朝國家財政的主要支出，顯然在別的地方，這一點留待下節詳述。

(3) 歲幣的經濟學效應

值得注意的是，宋遼和議之後，一方面宋給遼送歲幣，而在雙方邊境「榷場」的貿易狀況來看，宋方所獲利潤，很大程度地抵銷了歲幣的支出。

這裡先解釋什麼叫做「榷場」。宋、遼、金、元各朝代，在邊境設立鄰國互市市場，各民族可以在此互通有無，稱為「榷場」。榷場的貿易由政府管理，商人需納稅、交牙錢，領得證明文件方能交易，所以受到官方嚴格的控制，因為對統治者來說，它還有控制邊境貿易、提供經濟利益，和安邊綏遠的作用。管轄者基本上是所在地區的監司及州軍長吏，但又另設專官，稽查貨物，徵收商稅。

榷場的商稅，是官府一筆可觀的財政收入。宋朝提供的歲幣，約有十之五六可從榷場交易中回收。[2]主因之一是遼國的貨物對宋朝的吸引力不大，而宋朝的貨物則很受遼國歡迎，所以造成了宋對遼的出超。

另外，以今日的經濟運作來看，參酌「創新金融公社」的分析：

北宋歲幣對遼國的宏觀經濟起到了強大的擠出效應。擠出效應，這是指國家加大政府購買和

---

[2] 見陶晉生：《宋遼關係史研究》二、三章。聯經，1984年7月。

投資（財政支出），會導致市場物價上漲、實際利率上升，實際利率會越過更多企業的資本邊際效率（項目內部收益率），減少市場上的私人投資項目，將他們「擠出」了。

宋朝每年給遼國的巨額歲幣當然都是給到遼國政府手中而不會有一文錢付給任何一個普通百姓，這必然使遼國的政府支出在宏觀經濟總量中所占的份額劇增，其強大的擠出效應簡直會令遼國的私人投資窒息。遼國對宋朝的貿易本來就處於絕對劣勢，而本國企業又因為政府的擠出效應不能成長，宋遼貿易處於愈加不平衡的狀態。[3]

上述的說法，當然是以今日的經濟運作設想當時的推論，未必完全精確可靠，但遼國的政府收了這麼多的歲幣，國家的購買和財政支出劇烈增加，導致市場物價上漲是可能的，在經濟上對遼國這樣的國家當然不利。甚至有人指出：

> 雖然政治上宋遼雙方處於平等地位，但是經濟上卻是完全不對等的掠奪與被掠奪關係，事實上使契丹成了宋國非常穩定的經濟殖民地。
>
> 在不懂得關稅壁壘和國際貿易保護重要性的年代，只要向宋帝國開放市場貿易的國家和民族都將毫無例外的淪為其經濟殖民地，這讓宋人占了大便宜。[4]

---

3 來源：創新金融公社，2014/05/23，標題是：「中國外交史：歲幣政治與朝貢貿易- 壹讀」，原文網址：https://read01.com/BJd7De.html。

4 來源：淺草〈宋遼兩大世仇 為何會簽訂和平條約澶淵之盟？〉，2016-05-20。原文網址：

這樣看來，歲幣對於國家的財政根本完全不構成影響，還反而通過市場貿易取得了許多便宜。北宋的國庫既不因歲幣而有任何重大損失，那麼「歲幣為北宋財政沉重負擔原因之一」這個說法就不能成立。

北宋的財政既不受歲幣影響，國庫收支是否能夠維持平衡呢？答案是否定的，國家的財政確實不斷出現赤字，確實出問題。但問題不在歲幣，待下節詳述。

（二）宋朝財政赤字的真正原因

⑴ 軍費

根據晁說之（1059—1129）在元符三年（1100）四月所上的封事，宋太祖在以文制武、裁抑武將的同時，創設了募兵制度，還說了一句名言：「可以利百代者，唯養兵也。」意即遇到災荒年景，將饑民招募為兵，可避免饑民作亂；正常年份，即便有軍隊作亂，而百姓也不會參加。因此建立了由國家財政養兵的募兵制度，將軍隊作為收留饑民和地痞流氓、獷悍之徒加以管束之處，不使他們被放到社會上滋事。

募兵制的起源是否如此，是另一個複雜的問題，現代也有許多學者認為晁說之的說法不確，募兵制並非宋太祖所創，宋太祖只是被動地承襲自唐代以來實施已超過一百五十年的募兵體制而已。

---

http://www.todayonhistory.com/lishi/201605/40141.html。

但無論如何，募兵制在宋朝持續施行確係事實。這套制度在短期內還可以，時間一長，便百弊叢生。

百姓一旦應募為兵，便成官府軍籍，行不得經商，居不得為農，生老病死皆不許脫籍為民，妻子兒女全都要仰食於官府。於是，兵營裏到處都是老弱病殘之兵。一旦開戰，只好再大量招募精壯之兵。太祖開寶年間，禁軍、廂軍部數為三十七萬人；太宗至道年間增至六十六萬；真宗天禧年間為九十一萬；仁宗慶曆年間為一百二十五萬；神宗皇帝登基前不久，已經到達一百四十萬。

帝國禁軍屬於中央正規軍，其士兵每年的軍餉軍糧，合計為每人五十緡錢。這裡的緡，指的是一千錢，作為錢幣的計量單位時，和貫的意思差不多。廂軍則為地方部隊，其士兵的軍餉軍糧還要再少一些，大約為三十到三十五緡。這些僅是平日養兵所需，還不包括戰時的後勤保障、轉運、賞賜、組織動員、損耗、管理等等。因此，到神宗皇帝登基時，每年軍費開支約四千八百萬緡，保守估計，已占全國財政收入的「六分之五」。

這和歲幣所佔的百分之一，真是霄壤之別。

(2)官餉

養兵用這麼多錢，養官呢?依馬端臨的《文獻通考》，北宋官員每年需要支出的俸祿大約在一千二百萬緡錢。而北宋的國家總稅收約為六千五百萬緡，換言之，有五分之一的稅收花在支出官員的薪俸上。而北宋官制複雜，官、職、差遣分離，只有有差遣的才是實際執行政務的官員，而北宋有官有職而無差遣的官員約佔百分之六十，換言之，北宋的「冗官」占了百分之六十。

光是官、兵兩項，國庫開支已達六千萬緡。歲幣那區區七十五萬，能相比嗎？

⑶皇家開支

此外，神宗皇帝時期的皇家開支大約為每年七百二十萬緡；祭祀天地祖先的費用是：景德年間六百萬，皇佑年間一千二百萬，宋英宗治平年間，四年不到是一千三百萬。

如上所述，這幾筆開支，足以導致入不敷出的財政赤字。蘇洵說：「日削月割，以趨於亡。」這話倒是對的，但是跟「賂秦」所影射的歲幣幾乎毫無關係，真正的原因，在於冗員的財政虛耗。

也許，人們對失去的感受比得到的感受強烈許多。冗官、冗兵之花費究竟是在自己人口袋裏，雖然冗官、冗兵才是真正的財政負擔，但是北宋人卻對歲幣支出的反感格外強烈，更多的也許是一種求和的屈辱感。但無論如何，就事論事，北宋財政沉重的負擔，真正的原因其實是冗兵與冗官，不應該歸咎到那僅佔百分之一的歲幣支出上。何況歲幣支出又通過「榷場」貿易拿回了不少。歲幣的支出，完全不成為北宋財政上一個問題。

換句話說，蘇洵用了千鈞之力，狠狠打了一個假目標，那是一個假議題。通過以上的觀察，納幣求和雖然觀感不佳，卻為國家保持了多年的和平，甚至拖垮了對方的財政，幾乎是完全正確的經濟戰略，根本無需訾議批判。真正該打的「冗員虛耗」問題，蘇洵沒有打，他的千鈞之力，都打在了空處。所謂的借古諷今，當然是作文的好方法，但可惜他所諷的，卻不是真正的問題核心。

這在國文教學裡，何其發人省思：如果一篇擲地有聲的漂亮文章，完全與現實不能相應，那麼，它還是好文章嗎？回到教育的本質上來想，語文教學的內容，本來應該包括語文、文學和思想文化，語文是一個載體，真正要承載的核心仍然是思想，是發現問題、思考問題和解決問題的能力。如果我們希望學生可以更具批判思考的能力，更務實地思考和解決問題，那麼，古文的教學，是不是可以試著從以上這些更實際的層面，來進行深入的思考？

通過歷史現場的還原，相關史料的補證，將作者關注的根源問題重新釐清，我們可以赫然發現：整篇文章雖然做了一場精采的文章寫作示範，但命意核心卻建立在錯誤的歷史認知之上。由此指出語文教學的積極期待：文本的解讀和探索，應該是對生命問題永不止息的追問，一層層揭開文本背後深邃的真實世界，而不只是賞析文采而已。

本文有多處討論使用了前人對歷史的研究成果，或許像是一篇「非典型」的國文教學論述。不過，文史向來不分家，國語文的課程裡永遠都會有歷史的切面，從歷史切進去，牽涉的課題一定會碰到經濟、政治、外交、軍事……等領域，看起來，筆者彷彿也成了「跨領域」的追隨者。

未來的「一〇八課綱」已經完成，主事者天天高唱「跨領域」、「素養導向」，如火如荼的宣導，彷佛前所未有的世紀大創新。然而，我們何需迎合新課綱那些花樣繁多、巧立名目的內容——什麼「跨領域」、「素養導向」？試問：當我們對文本沒有真正的「問題感」，硬是把各種領域勉強兜在一起，美其名為「跨領域」時，又哪裡有什麼素養可言？

真正的古文學習，本來就是跨領域的，真正的人文素養，也從來不把學科徹底切割。我們在三蘇的〈六國論〉裡看得很清楚，他們從來不是為了國語文的學習去寫一篇文章，寫的永遠都是當下情境，都是生命問題，都是時代困境，都是存在課題的反思，本來就沒有領域的限制，還需要跨什麼領域？

宋朝朱熹的《中庸章句》題解引程子的話說：「其書始言一理，中散為萬事，末復合為一理，放之則彌六合，卷之則退藏於密，其味無窮，皆實學也。」「實學」是宋儒非常重要的訴求，也是千古以來對為學方針最重要的提點。為學，最怕的是游談無根、空疏無本，如果弄錯方向，只會在字句上盤旋打轉，就成了生命精力的浪費，非常無謂，惟有落在生命的實處印證，教學才能真正發揮作用。

在當代國語文的教學討論中，許多立場鮮明的激進派，時常把古文和語體文當作鮮明對立的兩端，視古文為無用之學，幾如仇敵，必欲廢之而後快。其實，文有古今，智慧豈有古今？有用無用，不在它是古是今，而在讀的人怎麼讀，教的人怎麼教。如果我們能針對文章的歷史背景、問題意識、思考和切入的方式進行深入的多重思考，每篇古文裡都富含著無盡的咀嚼玩味空間。

如果能找到有意義的切入角度，開展文本的多重思考，進行務實真切的印證和論辯，那麼，每一場國語文的閱讀和討論，都是一場濤聲澎湃的腦力激盪，處處都是智慧的磨練。每一次的磨練，都在啟動學生內在的轉化，那麼，每一堂課都是「實學」。對老師來說，教學時若能引動這樣的多重思考，每一篇文章裡也可能都會有無盡的驚喜。

中國悲劇

不管有多累，教書，還是很幸福的。

這個工作最令人感恩又讚嘆的地方，就是有人花錢請你講話，而且讓你講那些你最喜歡、最感興趣的東西。喔我的天，還有什麼比這更令人感恩的呢？

今天講關漢卿的〈感天動地竇娥冤〉。

最近，我似乎已經習慣了把作品往上推，從他本身的意境和表現，往上推到「文類」的層次上去觀看，去看同類作品的各種表現。

當我讀到竇娥被斬的那一場時，我忍不住開始思考：這種極度悲傷的橋段，在中國戲劇裡究竟都是如何表現的？這種表現又有什麼樣的意義？

我發現，這種中國式的悲劇裡面，最重要的元素，還是強烈的意志。通過這種強烈的意志，產生了超現實的戲劇性變化，成為戲劇的高潮。

這說來似乎荒誕不經，但戲劇中的表現往往有強烈的張力，能夠撞擊人們的心扉，啟發人們對這個世界無窮的想像和熱情，甚至激發無比堅強的意志。

「東海孝婦」的故事，講的是冤情難伸，那是客觀現實的阻礙。別的故事不一定講冤情，也可能講愛情，或其他各種感情，他們同樣是受到阻礙、限制、扭曲，故事都在這裡開展。

我因此想起小時候看的一部電影：「梁山伯與祝英台」，雖然故事的主題完全不同，但他們同樣都表現了一種強烈的戲劇張力，同樣都有一段非常「超現實」的情節，把觀眾的情緒推向高潮。

要說這種安排是「阿Q精神」或「自我感覺良好」，倒也未必。因為那種「超現實」的精神裡，時常有一種動人的悲壯，在人心迴盪很久很久，那是文學藝術獨到的力量。

我在課堂上講著竇娥被斬的故事，腦子裡卻突然出現了祝英台「拜墳」的那一段。

祝英台在婚事被阻之後，為了不與父親決裂，原已勉強自己，向現實做了妥協。但山伯病死之後，她的世界變了色，心意突然變得決絕。

馬文才前來提親時，花轎就在外面，她堅持不肯上轎，父親急如熱鍋上的螞蟻，她卻臉含悲憤，堅定地要求父親，要上花轎，必須答應她三個條件：「轎前兩盞白紗燈，轎後三千銀紙錠」，更重要的是「求親先往南山旁」。

南山，那裡正是梁山伯的墓地，她要親祭山伯。父親迫於無奈，勉強答允。

當她的花轎來到了山伯墳前，天地變色，一陣飛沙走石，眾人都被狂風吹得睜不開眼睛，以手遮目，東倒西歪。這時她的花轎掀開，觀眾眼前的她，全身上下一片鮮紅，那是婚禮穿著的鳳冠霞帔。

但那畫面只停了一會兒，她憤然站起，瞬間扯落了喜服，畫面一下轉成了白色——她頭裹白綾，全身縞素，原來她早已開始為山伯服喪。

外面那燦爛鮮紅的喜服，和裡面純白縞素的孝服，形成極度劇烈的反差，在喜服扯落的那一剎那，我的情緒就失控了，近乎嚎啕大哭。

這部電影我看了至少十次，每次看到這幕，沒有一次不是鼻酸眼熱，瘋狂飆淚。那個畫面裡面表現的，是主觀和客觀的對比，是愛情和現實的對比，而骨子裡的主題，其實是人們對自己的誠實，對愛情堅強無比的意志。

就在那個時刻，梁山伯的墳突然裂開了，於是她踴身一躍，跳入了墳中，那墳又重新合起，她從此離開人世。

這個結局令人既悲又喜，悲喜交集。我有時在想，如果山伯的墳沒有自動裂開，她會怎麼辦？剛烈如英台這樣的女子，也許同樣會一頭撞死在墓碑上，結束她被安排的一生。

那就像元好問寫〈雁丘詞〉的背景一樣。〈雁丘詞〉的小序說：

乙丑歲赴試幷州，道逢捕雁者云：「今旦獲一雁，殺之矣。其脫網者悲鳴不能去，竟自投於地而死。」予因買得之，葬之汾水之上，壘石爲識，號曰「雁丘」。同行者多爲賦詩，予亦有《雁丘詞》。舊所作無宮商，今改定之。

元好問說，他到幷州考試，半路上遇到捕雁的獵人，聽到脫網的大雁「悲鳴不能去，竟自投於地而死」，大受震撼。後來，他就寫出了那一首膾炙人口的摸魚兒（雁丘詞）。詞中開頭的「問世間，情是何物，直教生死相許」這一句，已經成了千古絕唱。

最後他說：「未信與，鶯兒燕子俱黃土！千秋萬古，爲留待騷人，狂歌痛飲，來訪雁丘處。」大雁生死相許的深情，絕不會和一般的鶯兒燕子一樣化為黃土，千秋萬古後，會有像他和他的朋友們一樣的「鍾於情」的騷人墨客，來尋訪這小小的雁丘，來祭奠這一對愛侶的亡靈。

那自投於地而死的大雁，像是人世間無數純潔魂魄的化身，在感情的世界裡，他們把自己提到了極致，無論墳是否裂開、客觀世界是否出現超現實的變化，她都已經超越了現實的羈絆，得到自由了。

因為，人唯一真正的自由，就是自己真實的心志。

古來千千萬萬的悲劇，也許講的都是這個。

也談《牡丹亭》

為了準備《牡丹亭》裡面的〈遊園〉，最近看了一些影音資料，發現臺大的王安祈教授有一段訪談，說得特別好。

她談到「春香鬧學」之後，發現了家裡面後花園的牡丹亭，於是告訴了小姐，杜麗娘才有機會來到後花園裡，欣賞那一片絕美的春光。

她說，杜麗娘突然發現後園有牡丹亭，這部分看起來有點違背常理，但其實，湯顯祖用的是「非寫實」的寫法，並不是她們家真的大到連哪一塊地方都不知道，他要講的是：「大花園每個人心裡都有，每個人心裡都有情，情根是種在每個人的心底，如果你沒有看到，它就永遠不會被發現。」所以春香是要翹課才會發現大花園，而杜麗娘這下子就開始了她的尋春之旅，就是進入到「遊園驚夢」。

關於「每個人都有後花園」這件事，我覺得王教授講得非常好。戲劇能夠觸動人，正在於人性的共通性，有共通性才能共鳴。後花園如果只是杜麗娘自己個別具體的經驗，就沒辦法進入那麼多人的內心，就好像王國維說的「自道身世」而已，不會有那麼大的共鳴。

「每個人都有後花園」，其實應該是每個人都有那樣的一種想望，渴望從令人窒息的現實生活裡游離出去，渴望著一個綺麗如幻的幽境，一個在心裡發光的地方。而那裡面藏著故事，藏著可能改變生命的際遇，藏著令人心動神搖的夢想——那就是「後花園」的象徵意涵。

王教授又說，杜麗娘去遊園之前，非常的興奮，梳妝打扮，在鏡子裡面照見自己美麗的容顏。這並不是杜麗娘到十六歲第一次照鏡子，而是就要去遊園的這一刻，她才從鏡子裡面真正感受到了生命的美好，是這樣值得珍惜的。所以她去遊春是喜孜孜的，非常興奮，希望能夠和大自然的春景結合為一。可是沒有想到，她來到牡丹亭，推開門花園門首的那一剎那，一眼看到的是「原來姹紫嫣紅開遍，似這般都付與斷井頹垣」，春花開得燦爛，姹紫嫣紅，可是開在一個斷井頹垣，沒有人珍惜、沒有人整理的一個庭院。

換句話說，她推開花園門首的第一眼，是美麗也是哀愁，是繁華也是寥落，是生也是死。而這種美麗與哀愁，繁華與寥落，生與死，在生命中往往是同時出現，杜麗娘的第一眼感受到生命是這樣的無奈，沒有人能夠真正掌握著自己的青春，沒有人能夠有生命的自主性。

這段話，我覺得她說過頭了。搞文學的人有時難免如此，話一說就變漂亮，一變漂亮就走味。因為文字有自己的魔力，不控制它，就會被它帶走，成為它的奴僕，跟著它去構建屬於它自己的節奏韻律和規則，但事實上，若不能自我覺察，可能無形中就離開了原來我們想要講明白的東西。

「繁華與寥落，生與死往往同時出現」，這根本就是一個生命哲學的命題，是對人間萬象的總結。可杜麗娘才剛剛要尋春、探春，什麼都還沒瞧見，「第一眼感受到生命是這樣的無奈」，她一個十六歲的姑娘是在老氣橫秋什麼？她自己的生命都還懵懵懂懂，要去哪裡通觀各種生命現象，歸納出人間共相的無奈？這都扯遠了。

尤其是「沒有人能夠真正掌握著自己的青春，沒有人能夠有生命的自主性。」什麼？沒有人？十六歲的杜麗娘上哪兒找這麼多的「取樣」？曲文裡的意思，根本就不是什麼「沒有人如何」，這都是文學人的多愁善感，知識份子的老氣橫秋，杜麗娘哪裡去管你有沒有人如何？她能感受得到的只有自己的無奈，不是什麼天下人的無奈。

戲劇當然要通向共相，但首先必須從個別的具體感受出發；說理沒有問題，但首先要從真實感受中出發。否則，就是空發議論了。杜麗娘遊園，心裡頭千回百轉，她先要弄一弄她自己的寂寥冷落，面對一下自己蕩漾的春心，和青春虛度的焦慮，她自己都還沒把這一團亂的東西理清楚，哪裡去管隔壁閒事，管你什麼天下有沒有人能夠自主？她自己現在是自主不了沒錯，但她又從何得知別人能不能自主？

不過王教授後面說得對：「本來她是來遊春、尋春，結果心情變得非常複雜，變成了惜春與傷春。」她說：「因為惜春、傷春，感嘆青春生命沒有人珍惜，所以反激回來，就是希望生命能夠自主，極度渴望青春能夠掌握，所以下面一個戲劇行動就是思春，也就是遊園。」

我覺得，這一段確實既有「遊春、尋春」，也有「惜春、傷春」，但單純理解為「轉折的心境」，似乎有點把它簡單化了，那情感是半吞半吐，欲放還收，並沒有那麼分明。她把「遊園」的理由說成是「極度渴望青春能夠掌握」，可能也把女主角過度理性化了。

遊園過程裡，女主角的心境是「既賞又悲，既悲還賞」，賞盡春景，而悲從中來，終於罷遊而歸，這些全是感性的心理活動。這裡沒有也不可能上升到「生命自主」那樣層次的自覺，這種講法都未免太學究氣了。事實上，那是對青春的歌詠，也是對青春的悲嘆，歌詠的是他的美，悲嘆的是「三春好處無人見」，景愈麗而情愈悲，越是愛美，對於美的「被辜負」就越是哀傷，不管對這大好春光是憐惜還是傷悲，總歸是一種複雜的情緒，不是理性的反思。

什麼情緒？在賞春的過程裡，她是既歡喜，又悲傷。她不是「觀之不足」嗎？那是眷戀；但是她又看到這景致「付與斷井頹垣」，那又是虛度。這種情感非常矛盾，妳明明就是在尋春遊春賞春，快活得很，妳哪有什麼虛度？而姹紫嫣紅開遍，也都被妳和春香瞧見了，又哪有什麼辜負？顯然，我們不能只看她和春光的關係，既已遊園，那春光並沒有被耽誤和辜負，真正被耽誤被辜負的，是女主角的青春。

也就是說，她唱春光，是在唱自己的青春。

她傷春、惜春，傷惜的是自己的青春和美貌，都被關進了父權封建社會的工具箱，還沒盛放，就被作廢了。她的心理，其實並沒有條件可以上升到自主啦、掌握啦，這種高度理性自覺的程度。但她渴望被看見、被珍惜、被憐愛，就像「惜花疼煞小金鈴」，花兒有幸，寧王惜之如此，可是我咧？我那「沉魚落雁鳥驚喧」的美好容貌和青春，老爺奶奶也是再不提起的，為啥？因為這超過了「工具箱」的任務。咱們用杜寶的身分想像一下：「女兒，你沒聽過『女衍色則情放』嗎？你天天覺得自己羞花閉月花愁顫想幹嘛？想要玷辱我杜家的門風嗎？」

所以「遊園」這一段裡面，杜麗娘的自覺是對青春的自覺，對生命的自覺，就是覺得自己的生命、自己的青春，是這樣的珍貴，不應該在閨閣裡被長年束縛，永晝無盡地被冷落忽略或壓抑。所以她渴望的，絕不只是享受那樣爛漫的春光，更渴望的是：遇到這「良辰美景」的時候，不是無可奈何的「奈何天」，不是像白居易那樣的「春江花朝秋月夜，往往取酒還獨傾」，而能有一椿沁人心脾的「賞心樂事」——譬如，有心上人攜手共遊，有那麼一個人，真的與自己會心相契，能明白她心裡面那一片深幽絕美的情感世界，和她能互相愛重——那可能是每一個人內心深處都有的渴求。

整體來說，王教授講得最好的，應該是最後一段。她說，杜麗娘遊完花園回來以後做夢，因思春入夢，然後在夢中就夢到了我們的主角柳夢梅。可是她認識杜麗娘嗎？不認識。他們兩個人互不認識，甚至杜麗娘根本不知道人世間有柳夢梅這樣的人存在，而柳夢梅也不知道人間有杜麗娘的存在，所以他們的愛情，不是像《西廂記》裡張生見到崔鶯鶯那樣：一見鍾情。《牡丹亭》的愛情是非寫實的，他要講的是情愛，是每個人的本能。

她引用了湯顯祖說的話：「情不知所起，一往而深」，不知道從哪裡來，不是有特定對象，可是一起就一往而深，深到什麼地步？深到「生而不可以死，死不可復生者，皆非情之至也。」如果覺得情不能突破生死，就不是至情，所以湯顯祖使用這樣的脈絡，來寫《牡丹亭》的還魂。

這個部分，確實觸動了我的衷腸。最重要的是這個點：沒有特定對象。換句話說，在那個人出現之前，我們心裡已經有了這個東西。

這說明，所謂的情感，不是附著在那個對象上的，而是從生命裡面自己出來的，這有什麼差別？有。若附著在對象上，對象一死，或者一變心，這情就沒了。若是從生命裡面自己出來的，那就是只要那個靈覺不昧的我還在，感情就在，那就等於是永恆了。

事實上，我們也可能愛不對人，愛不對人，這個愛就貶值了嗎？我們愛上的可能是一個混蛋豬頭，那這樣我們的愛不是很可笑嗎？不可笑，愛如靈犀初通，春花初放，在它萌芽、抽條、展瓣的時候，那就是天地間無可取代的絕美，在它沒有混入任何現實的計較成分時，它就是一百分，和對象如何根本就沒有關係。

我印象最深的是《倚天屠龍記》。金庸寫張無忌見到朱九真，一聽到朱九真嬌媚的聲音，心就跳到了嗓子眼，掌心全是汗，神搖意奪、魂不守舍，自朱九真一進廳，眼光沒再有一瞬之間離開過她臉，如痴如呆，感覺喜樂無窮。他心中對朱九真敬重無比，只求每日能瞧她幾眼，便已心滿意足。

金庸寫張無忌多年前對她敬若天神，只要她小指頭兒指一指，上刀山、下油鍋也是毫無猶豫，但今日重見，不知如何，她對自己的魅力竟已消失得無影無蹤。然後金庸這樣說：「不知世間少年男子，大都有過如此糊裡糊塗的一段初戀，當時為了一個姑娘廢寢忘食，生死以之，可是這段熱情來得快，去得也快，日後頭腦清醒，對自己舊日的沉迷，往往不禁為之啞然失笑。」

這是一個成熟有閱歷的男人說的話，我們應該都可以理解。熟讀《倚天屠龍記》的人都知道，朱九真是一個壞透了的姑娘，張無忌這樣的愛戀，看起來簡直白癡透了，對吧？

但不是的。朱九真無論再怎麼糟糕，都和張無忌的愛沒有關係。張無忌的愛，純淨絕美，一點也不會因為朱九真的糟糕而貶值，那是從他生命裡流出來的，乾淨得像透明的露水，天地間最美的東西也不過如此了，你說他蠢？對，就因為蠢，或者說是因為純粹，所以那戀愛才美得這麼乾淨。

金庸不見得不知道這個，他寫郭襄的時候就寫到了。黃蓉藉穆念慈誤用真情、下場悽慘來規勸女兒，一語雙關，自是勸郭襄不可用錯情，不可以愛上楊過。可是，郭襄的回覆卻是：「媽，她是沒有法子啊。她既歡喜了楊叔叔，楊叔叔便有千般不是，她也要歡喜到底。」

這真是鍾靈毓秀、明晰透亮的女孩子，一下就說到重點，妳黃蓉再聰明、再算計，妳能計算這最乾淨、最純粹，完全不與現實利害掛搭的真情嗎？妳算不了，也控制不了。春天到了，天地之心要讓花朵開放，妳能教她不開嗎？

既是生命裡流出來的，那就是「情不知所起，一往而深」的了。不過，這篇文章只是針對〈遊園〉這一段所做的補充，如果要像湯顯祖說的，「生而可以死，死而可以復生」，能夠突破生死的至情，那就不只是春花初放了，那是松柏長青。

以前人說「少年色嫩不堅牢」，青春易逝，初心易失，那點絕美的東西，其實，若不留住它，很快就會被各種情感污染、變造乃至徹底摧毀。不被摧毀的真情是什麼？這不敢說，但以前私下跟毓老師聊天，曾經聽他說過什麼叫真情，或許可以拿來當作這篇文章的結尾。

他說，順治避位出家，是真的。他到五臺山上看過，那裡面的蛛絲馬跡，他能瞧得出。一個男人的情感，得乾淨到什麼地步，才能像順治這樣的地步？那就不是一朝一夕之功了。

也許，真正惜春愛春的人，一輩子都活在春天裡，從來不失去、不離開。

曲選雜談

準備「曲選」這一課的時候，心裡一直有很多想法跑出來。講元代散曲的時候，談自然，談有意境，談本色，都還頗能自由發揮，說得挺痛快的。

但接下來說到崑曲，就發現有點麻煩，很怕自己說得不到位。為什麼呢?因為對這種南方戲的風味，我好像一直有點不習慣。就像毓老師說的，梅蘭芳的東西不是不好，他不喜歡聽梅蘭芳，是因為「他不喜歡柔的東西」。這有點個人偏好，好像也難說清。

但不管喜好不喜好，要講課還是要把東西講清楚。譬如要講湯顯祖，我還是覺得，可能要聚焦到時代背景，談一下理學的影響和反動。湯顯祖的那些話，說得像「唯情主義」似的，處處非把「情」抬到「理」的上面去，其實是因為他把「情」和「理」對舉起來了。

可「情」和「理」要是對起來了，那「理」就是死掉的東西了，有什麼好談?我總覺得，只有把「情」安放得剛剛好，那才叫做「理」，「理」其實就在「情」裡面，「理」並不是要拿來跟「情」對著幹的。這種對著幹的方法，其實正像他自己所反對的宋儒。

宋儒一天到晚要把「天理」和「人欲」對舉，「去人欲，存天理」，「人欲淨盡，天理流行」什麼的，這都是神經兮兮的編派。

「天理」還能離開「人欲」嗎?離開「人欲」還有「天理」嗎?其實,「天理」本來就在「人欲」裡頭,「人欲」要是能中節,那就是「天理」。如此而已,哪有那麼多神秘。

再譬如講青春的自覺。這我就可以胡說八道了,課堂上都亂舉一大堆例子。

從黛玉葬花講到農夫進城,從珍珠講到魚眼珠,從新車講到破爛車,還講了天爵自尊吾自貴。講得順的時候,班上竟然有一種奇妙的空氣,在那裡瀰漫充盈。

高三的孩子真的是長大了,連我這種胡扯八瞎的內容,居然還有那麼多孩子臉上露出若有所悟的表情,這真是太神奇了。

然後問題來了,這課本到底誰編的,怎麼編那麼爛?至少基本文義也要解釋清楚一點。來舉兩個問題:一是「裊晴絲吹來閒庭院,搖漾春如線」。「晴絲」到底是什麼東東?奇怪,編課本的人為什麼不好好解釋一下?晴絲是遊絲、飛絲,好,那是什麼?杜麗娘看見的到底是什麼絲?

我查了一下,發現其實至少有兩種說法。

梅蘭芳說戲的時候,是解釋成「花絮」的。所以他說這兩句是:「幽靜的庭院裏吹來了花絮,花絮在春天的庭院裏飄蕩」,於是「一線遊絲引起了杜麗娘的萬縷情絲」。這挺清楚。

但另一種說法是「蟲類所吐的絲縷,常在空中飄遊。在春天晴朗的日子最易看見。」咦?這是什麼?還有的地方根本就直接寫成「蛛絲」。

媽呀!蜘蛛絲滿天飄蕩,然後看了就跟著春心蕩漾?這我真的無法。看到頭上都是蜘蛛絲飛來飛去，我只會想去洗頭洗澡，就算有什麼春情亂發，也要先洗洗再說。

所以這個「晴絲」的解釋，恐怕是梅蘭芳說得比較接近真實，可能是「花絮」。不過我在想，會不會也可能是蒲公英這類的細小植物？或是花蕊？甚至是柳條被吹落的細絲？欸不是，編課本的人你們到底在懶惰什麼？可以好好解釋一下嗎？

第二個問題是「步香閨怎便把全身現」，也有兩種解釋。

一個是梅蘭芳的說法。他認為這句話的意思是：「我老關在屋裡，誰能看見我呢？」這話斬截爽利，看起來很通順，也很有道理的樣子。但我讀來讀去，還是覺得不太對。

因為這裡面有個「全身」二字。「全身現」是把全身都顯現在外（當然我知道是有穿衣服），和上一句的「偷人半面」一定有關。

杜麗娘看見自己臉上的半邊麗色（偷人半面），尚且驚得雲髻一偏（迤逗得彩雲偏），若說下一句她馬上就在想「誰能看見我」，而且還是急著要來個「全身現」，這情感變化也太突兀了，不合情理。所以這裡我覺得應該是另一個意思：「步出香閨，將全身都顯現到外頭去，這可怎麼行呢？」

在封建社會裡，大家閨秀不能輕易出門，明朝《閨苑》就有這種規定。「怎便把全身現」與此有關。「步香閨」應該是指「步出香閨」，「怎便」是說「不便」。這兩句話合起來看，意思是：在鏡子一照，呀！才照出半張臉，已經麗容盡顯，讓人十分靦腆；若走出閨房，把全身都顯露在外頭，那實在太不便了，太令人羞澀不安了。

這個說法，應該比較合乎杜麗娘可能的口吻和心態。

換句話說，春天的庭院裡飄來遊絲裊裊，雖逗引得她幽情搖蕩，春思繚亂，可少女的矜持和封建禮教的壓抑，都使得她欲說還羞，欲出還入，這種矛盾和衝突，更合乎真實情境的表現。

我雖然不喜歡南方戲，也不喜歡太柔的東西，好像沒什麼資格發言，不過我總覺得，「美」這種東西，特別是要談情感之美這種東西，沒有一點衝突、張力，是談不出來的。欲拒還迎，欲說還休，那裡面的掙扎，才是人情的可愛處。

先承認，我是不懂杜麗娘啦，咿咿呀呀地哼半天，我這種大老粗懂不了多少。可我知道「生命」是啥，杜麗娘要自覺青春之美，要自覺情愛之美，她要對付的絕不會只有封建禮教而已。

最難對付的是自己心裡頭的那團「剪不斷，理還亂」的東西，可就在她對付自己的過程裡，才有那麼多伊伊呀呀、千迴百轉的唱詞，又哭又笑的哀哀叫，正是她美的地方，因為那就是真實的生命。

要是只對付她老爸杜寶一個人，或者再加上她老師陳最良兩個人，或者只對付一堆冬烘笨蛋，那不是太容易了嗎？

學問人格與功名富貴

在〈范進中舉〉這一課，設計了一些問題，其中，有一道題跟學生討論「學問人格」與「功名富貴」。後來想想，把自己課堂做的補充稍微整理一下，放在這裡，做個小記錄也好。

胡適說，一部《儒林外史》的用意只是要想養成這種社會心理：「叫人知道舉業的醜態，知道官的醜態；叫人覺得『人』比『官』格外可貴，學問比八股文格外可貴，人格比富貴格外可貴。社會上養成了這種心理，就不怕皇帝『不給你官做』的毒手段了。」

胡適覺得《儒林外史》的高明處，就在提倡一種新社會心理，讓人感受到「學問」、「人格」比富貴更加可貴。這當然挺好的。可是，要打從心底覺得人格、學問，比富貴格外可貴，可能要先明白它們究竟是什麼，先就它們的價值思考一下。

我想，學問的意義，應該是在培養智慧，培養解決問題的能力，而不是擁有知識或名望而已。人格的意義，在於挺住一種光明的希望，即使在社會混亂失序時，能使人們不至於都變成豺狼。如果大家都把富貴看得比學問人格這些東西重要，社會就只剩下弱肉強食，無限沉淪。相反地，如果大家都覺得，有些東西比富貴更重要，那麼，這個社會就還有許多光明可愛的事物，可以讓我們期待。

當然了，有人說人格、學問當然重要，也會有人說沒有錢什麼也做不了，這樣各有各的立場，就不容易釐清他們的輕重。所以兩者的關係，最好還是要兜到一起比較，會比較容易看清楚。

其實，這兩者並不是絕對互相排斥的。

在《論語．述而》裡面，孔子說：「富而可求也，雖執鞭之士，吾亦為之；如不可求，從吾所好。」所以他不是不要富，而是他考量富這個東西能不能求。如果能求，就算做執鞭之士，那他也OK。

問題在於，孔子認為這個東西是求不來的。孔子說：「死生有命，富貴在天。」富與貴，那都是老天爺的安排，不是人力所能決定。所以我想孔子並不是叫人假清高，不要富貴。而是他認為，富貴與否，是由很多不可逆料的客觀條件所決定，它在本質上就不是可以強求的東西，非要卯起來算計，弄了老半天，很可能啥也沒有，白耗心力，甚至就像《紅樓夢》裡說的「機關算盡太聰明，反算了卿卿性命」，強求既然未必會有好結果，那還一直想它做啥？

既然強求不來，孔子就不願把它看得太重，譬如和「道義」相比，它就沒那麼重要。如果為了追求它，還違背道義，那就更沒必要，等於是本末倒置，給自己找大麻煩。所以他說「不義而富且貴，於我如浮雲。」

當然很多人覺得，道義是啥米？可以吃嗎？而富貴又似乎太重要，很難看成浮雲。就像蘇秦說的：「嗟乎！貧窮則父母不子，富貴則親戚畏懼，人生世上，勢位富厚，蓋可忽乎哉！」蘇秦覺得富貴非常要緊，不能忽視。他確實也得了富貴，可是最後的結果又是什麼呢？他離間齊、趙關係，齊滅宋而國力大損，五國合縱伐齊，被齊湣王判以反間之罪而車裂於市，甚至「天下共笑之」。這樣有比較開心嗎？歐，當然沒有。

還有一個好例子，李斯。他當小吏時，看到「廁中鼠食不潔，近人犬，數驚恐之」，又看到「倉中鼠，食積粟，居大廡之下，不見人犬之憂」，所以他認定人之賢不肖，「在所自處耳」，立意要成為倉中鼠，吃飽飽、住大房，其實簡單地理解一下，他要的就是富貴。結果呢？秦始皇遺詔要他接太子扶蘇繼位，他聽了趙高的話，害怕失去眼前的富貴，與趙高合謀篡改遺詔，改立胡亥。算來算去，最後當然算不到自己會被腰斬、滅三族。他死前說：「荀子曾說過，我太熱衷於富貴，必為富貴所累。如今果然！荀卿，聖人也，我不如他。」

這兩個例子，都可以說明富貴誘人，但如果看得太重，自然就被它所累。有富貴，當然好棒棒，可是，怎樣才不會被它所累呢？看穿它。

能把富貴的本質看清楚的本事，就是學問，能在誘惑面前挺住自己，就是人格。學問和人格的重要，在於讓自己不那麼容易掉進坑裡去，可以東跑跑、西跳跳，揮拳踢腿，真正自由。

有人可能要問：萬一真的沒有富貴，還能快樂嗎？嗯，那就更需要本事了。生命裡面要有一種充實感、喜樂感，然後幹什麼都有滋有味。比如孔子說，「飯疏食飲水，曲肱而枕之，樂亦在其中矣。」倒不是說素食和白開水一定特別好吃（當然我媽媽和我內人做的素菜是很好吃啦），而是他生命裡有安頓處。譬如他這個人喜歡卯起來求知，那就是「發憤忘食」，把這個世界越弄越明白，明白了就特別開心，這是學問之樂；就算啥也不忙和，只是待在屋裡傻著，也不會一下掛記這個，一下擔心那個，總會「申申如、夭夭如」地沒事就很開心，這是人格之樂。有這樣的本事，自然能夠在簡單的生活裡找到快樂。

有同學問說，那孔子最想要的到底是啥米？大家都說是「仁」，簡單的說，就是善待自己和別人，造福身邊的人，乃至所有的人。有一次孔子要大家說志向，子路說：「我的車、馬、衣、裘都和朋友共享，弄壞了我也不難受。」這其實已是仁心，但顏回發現，這樣講話好像有點害羞，他也想要像子路那樣有善行、能付出，可是他還希望自己可以做了好事以後，不掛記在心，也不掛在嘴上，就來個「無伐善，無施勞」。這也是仁心，只是裡面有了深一層的修養。大家問，啊老師你咧？孔子說，「老者安之，朋友信之，少者懷之」，最好大家都過上好日子，大伙兒的快樂就是他最大的快樂，這麼一來，整個心泡在仁的境界裡，無分彼此了。像這樣子，能弄懂生命中真正的快樂是怎麼回事，那是真學問、大人格。這顯然比富貴這類的東西，重要得多。

有時候為了達到造福大家的目的，富貴說不定也是個很好的條件，並不是要無條件地拒絕它，那也太矯情。所以在面對富貴的時候，到底要還是不要，孔子拿了一個衡量的標準來衡量，叫作「道」（或者「義」）。有這個標準，就知道眼前的好處該不該要，能保住生命內在的平衡，不被破壞。他說：「富與貴，是人之所欲也，不以其道，得之不處也；貧與賤，是人之所惡也，不以其道，得之不去也。」他承認，大家都喜歡富貴，不過，要「以其道得之」，他才能安心享受這個富貴。後代所說的「君子愛財，取之有道」，就是從這裡來的。

所以，對孔子來說，富貴什麼的這類東東，不是不要，而是不願太在意，寧可把它放在比較次要的地位。比富貴更重要的，應該是安於仁道、無往不樂的境界。所以古人說：「志於道德者，功名不足以累其心；志於功名者，富貴不足以累其心；志於富貴而已者，則亦無所不至矣。」我們要的東西，最好不要太低。如果最想要的就是富貴，人什麼壞事都可以幹得出來，如果高一點，要的是功名，就不會被富貴的條件所控制。再高一點，要的是道德，就連功名都控制不了他。我們要的東西層次越高，就越不受擺弄、不受控制，也就越自由了。

總結一下，能把生命裡這些事物的價值看清楚、看透澈，知道誰是本誰是末，那就是真學問。這些東西能在生命裡實踐自如，沒有掛礙，就是真人格。所以，人格學問之所以比功名富貴格外可貴，在於能它真正安頓我們的生命，成就生命的充實和自由，也能給身邊的人帶來幸福，帶來安樂，這應該是它的可貴處。

紅樓夢

去聽了一場演講。

主講人的名氣很大，大學教授，出了很多厚厚的書，但所講的東西實在令人失望。

我還是先說優點。她有個好處，用字遣詞精準，堪稱標準的「學者型」人物（我這裡所謂「學者型」，指的是會寫論文，堆資料），口才很好，說話不吃螺絲，聽起來非常流暢。不過，講話口氣非常亢進，好像沒有人比她更懂，態度急切。整體來說，她的演講，乍聽之下，句句抑揚頓挫，頗有聲情兼具之感。

但一細聽、細想，就會忍不住生出一種疑問：「天啊！我究竟聽了什麼？到底哪一段是——有價值的？」

整場演講的氛圍，不斷強調她講的東西非常重要，還一直說我們「一定要來好好研究《紅樓夢》」，但是，究竟我們為什麼要研究《紅樓夢》？這裡面的價值究竟何在？她卻說不出個所以然。

一開始演講的重點，就放在：「劉姥姥講的內容不好笑，為什麼大家笑得幾乎脫序呢？」答案其實很簡單，「因為大家長在深閨之中，沒有看過人家吃相如此粗魯，也沒聽過人家講這麼粗鄙的用詞，所以笑倒了。」

就這麼一件簡單的事情，怎麼會需要講半個多小時呢？

我們真正該想的是，這件事情懂了以後，那又怎麼樣呢？大家對《紅樓夢》的理解又能增進多少層次呢？她卻講不出來。或者，至少她一直沒講出來。

另一個重點是，「三姑六婆被某些家庭嚴厲禁止」，所以劉姥姥是「三姑六婆的昇華版」，也是極少數的例外。

嗯，那又怎樣？劉姥姥是個例外，能進大觀園，那又怎麼樣？這究竟對整個大觀園的生活，甚至整部書的意涵，起了怎樣的作用？帶來的精神意義又是什麼？

如果她要強調這件小事，後面這部分的思考，應該才是要點。

但這些要點，我苦等良久，她卻一直說不出來。於是在場的聽眾只好跟著她在小事上盤旋。整整一個小時過去了，我還沒有聽到一句有啟發性、有智慧、有力度的話。全部的內容，不過是一些基本常識，和在書堆夾縫裡翻找的小材料而已。而究竟哪些材料才是真有價值？她似乎沒有這樣的判斷力。至少，從演講中完全聽不出來。

所以這樣的資料，堆砌起來不得了。她一直強調她要講的東西很多，是的，看她講了一個多小時沒停，我相信她要講的話確實很多，但內容卻看不出價值，因為裡面充斥的，都是旁枝末節。

可以想見，這樣寫出來的論文，當然是一本接一本，但這樣印出來的書，說重一點，也不過災梨禍棗而已。現場就賣著她自己的著作，厚厚的一大本，令人觸目驚心。問題是，這麼厚厚的一本，裡面究竟有多少價值？

王國維的《紅樓夢評論》，不過薄薄一本而已，卻是深刻扼要，直擒紅樓的精髓。這樣談《紅樓夢》，碰觸的是生命，是文學的核心。不能如此，文字雖多，亦奚以為？

接下來她又花一堆時間，講「以前的婦女大門不出，二門不邁」，這不是基本常識嗎？講給國中生聽。還勉強可以，這些內容拿來辦研習？難道大家對《紅樓夢》的了解，都如她所設定的那麼無知嗎？

差堪一提的，是她提了一個「母神」的象喻，只有這個，略略有點可談性，但卻談得特別少，不過談個幾句而已。

我看她發的資料裡，這部分倒是寫得比較完整，談到巧姐的命名、救護，「惟剩老嫗收拾殘棋敗局」，這是較有意思的一段。但也是前人早已提過的東西，並沒有什麼新意，最重要的是給不出啟發性。

以這個點來說，其實她可以練習往深處想，我試著略說幾句，做一點發想：

姥姥攪壞這一潭池裡的精緻，以整部作品的作用來說，她的出現，可以說是作者利用這個角色，把大觀園開了一個缺口，讓讀者有機會跳出去，重新審視那個自己熟悉的世界。如果看得夠透的話，甚至是一種對富貴紅樓的本質性審視。從這個村姑老嫗的眼睛裡，去重新觀看這個已經慢慢「壞掉的」大觀園。

《紅樓夢》又名《風月寶鑑》，整個故事本身就是要起一個鏡子的作用，鏡子的作用是照見實的，可是鏡中看見的東西卻還是虛的，要在虛的影像裡看出實的東西來，得會看。實的東西究竟是什麼？並不即是所謂客觀世界，而是客觀世界的實相，鏡子所起的作用，就是用虛影映照出客觀世界的樣子，可是咱們伸手一摸，它又是空的。虛影當然有實景的樣子，但它所照出的實景畢竟是虛的，鏡花水月，終究不能認死了看，所以鏡中所映，只是引導我們在虛影中照見實相而已。實相在哪？也不在鏡子裡，它只是在虛影中悟出來的，所以這種表現方式叫作「用筆吞吐，虛實掩映之妙」（《紅樓夢》書中語）。

如果讀者沒有這種觀看的能力，那就是「賈天祥正照風月鑑」，越看越沉浸到虛影裡面，虛雲假雨，直到弄死自己為止。

大觀園的樣子究竟是什麼？即使用全知全能的敘事觀點，把實景實事寫盡了，也寫不到它的實相去。所以這個大觀園的幻影，得有個東西把它戳一下，才能隱約看出不同的東西來，姥姥的進場，就起了這樣的作用。

在錦衣紈褲、飫甘饜肥的世界裡，所有看似真實的東西，都已在痲痺中逐漸地虛空化，富貴餘氣已在日日銷亡，而當局者終不可見。姥姥的出現，像是一面鏡子，倒映出另一個寶黛們看不見的世界，她的胡攪蠻纏，像有人把棍子伸進來亂攪亂捅，可是正因為這村婦老嫗拿棍子一捅，這富貴輕薄的殘像殘影才被捅出來，角色的關係也逐一顛覆，這個求告者倒變成了救護者，同時，她旁觀了富貴的幻化，見證著這個世界的崩解朽壞。

要把她比為「母神」，未嘗不可，但這麼形容她，不過增添話題、取悅讀者而已。從整部書的用意來說，她的角色，更重要的是起了一個「倒映」的作用。若真要講「母神」，警幻仙子才是母神，母神出現在幻境，而姥姥則出現在實境。幻境的母神做預言，做宣告，以顯她的神秘與先知，而實境的村姑則戳開天窗，讓賈府的衰敗氣流洩出來，也形成反相的折射，倒映出紅樓以外的另一世界。

好，先在這裡打住。

我講的這些思路，當然不一定對，但要講劉姥姥，往角色的作用面略講講，往角色與主旨的關係略講講，或者稍有意味，至少能試著挖一點《紅樓夢》裡面的東西出來，至少可以稍微回答一下「我們幹嘛要讀《紅樓夢》」。至於不斷強調那些人盡皆知的基本常識，實在殊無必要。

我幾乎沒辦法聽完這場演講，就是因為她一直在瑣碎的基本常識上盤旋，整整一個小時裡，沒有辦法給出任何力度，沒有一句話有穿透性。她一直站在自己的學科本位上，理所當然的『我們應該要好好研究』，至於「為何要研究它？」「它真正的價值何在？」這種後設反省的能力，卻一點也表現不出來。

我總覺得，作為一個名教授，不應該只是如此。

當然還有一種可能，不是我誤解了，就是我太苛刻了。

〈離臺〉詩

堅持讓同學上台報告，有時會有意想不到的驚喜。尤其是大家漸漸適應這種方式之後，他們投入心力漸增，所展示出來的成果，有時讓人驚艷。

今天講丘逢甲的〈離臺〉詩。他的「宰相有權能割地，孤臣無力可回天」已成膾炙人口的名句，但他離臺西渡，在後世評價也引發爭議。

我引用了連橫在《台灣通史》中對他的評論，讓同學蒐集相關材料，表達對此事的看法。回答這一題時，有同學慷慨陳詞，激烈地批評了丘逢甲西渡內地的作為。另一位同學則從西方軍事教育的角度，為丘逢甲緩頰。她所舉的是二戰中的例子，引用了將領投降前發給總統的電報和事後回國所得的待遇，說明「慷慨赴義並非唯一或最好的決定」。

兩種幾乎是極端相反的看待，在講臺上展示著，並無結論。而學生報告已經結束，這種時刻，老師卻要上去回應和補充。

說真的，學生的報告越有深度，就越挑戰老師的思考程度，也考驗老師的教學能力。這種時候，我真該緊張，也有點緊張。

但這一刻，我的興奮還是遠遠超過了緊張。無論我給同學的評論是什麼，我們師生都已經因此來到了深沉的價值思辨，開始學習面對那些重要的生命課題：究竟在生命裏什麼是最重要的？在那些衝突中，我們又應如何判斷和抉擇？這是討論課帶來的良機，彌足珍貴。

做好回應，當然還是困難的，但值得試試。

我們在上〈正氣歌〉的時候，我讓他們讀了周志文老師寫的〈文信國〉，讓他們在從容就義的難處上停一下，看一看這樣的民族英雄曾經有過的掙扎。

在洪承疇投降的故事裡，我跟他們說過，這個萬人鄙夷的大漢奸也曾經想過要昂然赴死。最後，我舉出辜顯榮出城投降的例子，讓他們謹慎地停下來，想一想，所謂「投降敵人保護臺灣百姓」的理由是否成立。

在戰死、逃遁和投降之間，其實我們有好多的事情要想清楚。

我一向是民族主義的支持者，也向來歆慕那些偉大的民族英雄。但我還是試圖提醒同學，那些壯烈的犧牲和從容的就義，並沒有那麼理所當然。

同學想到吳湯興和徐驤散財舉兵，最後犧牲。在臺上忍不住問：吳徐二人都能做到，丘逢甲身為軍事統帥，為什麼他不能殺了自己的家人，做必死的抗戰？

我懍然危懼，不得不小心回答。

張巡殺了自己的愛妾，死守睢陽，這樣的英雄我們可以仰望，卻實在不敢要求每一個軍人都必須做到。

對家人的摯愛和對國土的保衛衝突時，我們真的可以輕易做出決定嗎？哪個價值才是至高無上的，真的可以這樣做出判斷嗎？

同學在責備丘逢甲的時候，我不由得想起漢武帝對李陵投降的痛斥。漢武帝怒斥過後，李緒為匈奴練兵的消息傳來，李緒誤傳為李陵，火上加油，於是李陵全家被殺。

但是李陵案的是非對錯，終究不是那麼理所當然、絕無異議的。司馬遷就從另一個角度看待此事，給了他更多的空間和肯定。那份溫暖和厚重，過了將近兩千年還有力量，在《史記》裡留著。

丘逢甲當然絕不能跟李陵相提並論，他並未力戰到最後，確實差很遠。但我們看待投降或遁逃的軍人，下結論卻常常都一樣太輕易、太篤定，也太義憤填膺。

乙未割臺的時候，當最高領袖唐景崧已經逃亡，丘逢甲究竟還有多少資源和條件可以抵抗日軍？如果他已經完全失去勝算，那麼他是否只有一個選擇，跟吳湯興和徐驤一樣與台灣共存亡？或者，他的舉家內渡，也可以有一點被理解或諒解的空間呢？

丘逢甲所受的最嚴厲批判，在於他的捲款潛逃。但這種傳言，至今未得證實。連橫的《臺灣通史》裡也只用了「或云」兩個字，未敢據為定論。美濃舉人的對聯，只能當作情懷的抒發，難以作為文獻的證據。如果他的捲款潛逃無法證實為真，我們剩下來的主要問題只剩下一個：敵我懸殊，他可以逃嗎？還是他只能也只該戰死？

在主帥西遁，抗日大勢已去的時候，他如果留下來抵抗到底，唯一的結果，只有舉家滅絕。那麼，他逃回大陸的決定是否可能是一個可以被理解，或相對可以被寬容的決定呢？

我們當然希望我們的教育裡能注入昂揚的生命力、堅強不屈的勇氣。這是毫無疑問的。但「明知不可而為之」，明知必死而犧牲，究竟是一個挑戰人類求生本能的艱難要求。

真正的生活情境，往往比文字艱難得多。我們在歌頌文天祥的同時，或許更該看看他求生的掙扎。在批判丘逢甲的西遁時，也不妨想想，這樣的要求我們自身能否做到。

歐陽修在〈縱囚論〉裡說過，「寧以義死，不苟幸生」，本來就是「君子之所難能」，更不用說一般人。如果我們自己都沒有把握能夠做得到，那麼「仁者其言也訒」，我們毋寧在那樣的時刻，學習更多的悲憫和寬容。

至於他那些怒斥唐景崧的話，事後看來不免充滿諷刺。但這些話與其看成是他「虛偽」，或許我們也不妨看成是他的「內在衝突」。我們每個人內心裏，也都有著類似的交戰時刻。一方面譴責著那些顯而易見的懦夫，但另一方面，面對生死存亡之交，我們很可能終究也會選擇退卻求生。

也許，只有在自我面對的基礎上，我們談高尚、談氣節，才不致落在空處、淪於空談。

我總覺得，唯有真正認識軟弱的人，才有機會學習真正的勇敢。唯有真正認識「生」的人，才能把「死」談清楚。

張巡那樣的勇烈之士，當然值得仰望。但他令我們尊敬的原因，除了勇敢，還有一個原因，是因為他在守護百姓、守護家園。那些選擇死亡的人，之所以被認為偉大，或許因為他們正在求生：

求得親人、族人或國人更大的生存。如果沒有這個核心的動力，那麼那些不知怎麼活而輕易把自己弄死的人們，能叫英雄嗎？

我不想輕易教他們「死」，而想努力教他們「生」。不想教他們輕易地批判，而想教他們學會更多的理解和寬容。

特別是當我們身臨其境的時刻，我們身上究竟能拿出多少勇氣、多少力量，那和我們平常能否真實的自我面對，有著莫大的關係。這個部分的功課做不夠，那批判就會容易下得太快、太輕率。

如果我們越來越能夠認識自己的軟弱，我們或許更有機會學習堅強。如果我們能在生存裡找到更真切的理由、更強大的動力，或許我們有機會明白那些人選擇死亡是為了什麼。

丘逢甲是不是那麼愛臺灣，我們也許無法完全確定，但是我們對於生活在身邊的人們，究竟應該如何看待，真的不是一句愛或一場死就可以解決的。

我們得下多大的工夫去培養自己，才有能力去愛他們和保護他們？得經歷多少渾沌和迷惘，我們才能找到最好的方式去對待他們？特別是頂頭上司無能懦弱、荒唐誤國的時候，在那麼艱難的時刻，我們自己究竟會怎麼做？

也許這樣想過，我們可以對古人有更多的理解，對自己有更真切的要求。

〈離臺〉詩的翻案

丘逢甲的〈離臺〉詩說：「宰相有權能割地，孤臣無力可回天。」他譴責李鴻章簽訂馬關條約割讓臺灣，也自責無力挽回局面，詩句膾炙人口，悲憤之氣至今躍然紙上。

但這首詩若只是照字面讀過，也許很多東西都不見了，而且最重要的、最令人悲憤的對象，更悄悄地就掩過了。李鴻章承受了千古罵名，雖不至於全然冤屈，但至少有一大半的過錯不在他身上，他只是代人受過而已。

事情要從「割臺灣」這一策略說起。

日本人垂涎臺灣，其實並非由來已久的蓄謀，毋寧說是因戰勝而起意的要求。面對這個意料之外的要求，李鴻章準備不足，簡直手足無措，進退維谷。關於這一點，劉明修的《台灣統治與鴉片問題》曾做過如下的說明：

> 雖然日本在江戶末年就出現航海遠略論和南進論，但日本政府當時並未對此抱有明確的目標或準備。例如占有台灣一事，並非甲午戰爭前即有預謀，「即使在開戰之後，帝國政府及帝國海軍仍無領有台灣的議決……直到交戰中的明治27年8月，中村純九郎才以數千言之長卷，切切向當時的海軍軍令部長樺山資紀中將力陳占領台灣之必要」（見東半球協會「台灣に占領關する建議」，昭

和17年6月）

可知占領台灣並非基於事前計畫的行動。附帶一提的是，中村在甲午戰爭之後，因建議領台之功而被敕選為貴族院議員。……

1895（明治28、光緒21）年4月10日，日本首次面對台灣的鴉片問題。當時是在下關（馬關）講和會議的第四次會談上，由清國全權大使李鴻章所提出。李鴻章之所以提出台灣的鴉片問題，是以「台民大都吸鴉片」為由，企圖打消日本割讓台灣的要求。……

李鴻章為扳回日本這一意料之外的要求，其所作的回覆想必亦非事先預備的台詞。以下即記錄李鴻章與伊藤博文有關割台問題的對答。

伊：我國之兵現正攻往台灣，不知台灣之民如何？

李：台灣係潮州（廣東）、漳泉（福建）客民遷住，最為強悍。

李：貴大臣提及台灣，想終有往踞之心，貴國不願停戰者，其因在此乎？但英國將不甘心……

伊：有損於華者，未必有損於英也。

李：台灣與英之香港為鄰，恐……

李：聞英國有不願他人盤踞台灣之意。

伊：貴國如將台灣送與別國，別國無不稱謝笑納也！

李：日兵尚未占領台灣全島，何故強吾國讓與？

伊：此係彼此定約商議割讓之事，無涉兵力實際到否。

李：我不肯讓，又將如何？
伊：如所讓之地必須兵力所及，則我兵若深入山東各省，其將如何？
伊：如此，當即遣兵至台灣！
李：我兩國比鄰，不必如此決裂！總須和好！
李：恕我直言。台灣海濤洶湧，台民強悍，實甚不易取，法國前次攻打尚未得手。
伊：我水陸兵弁，任何苦楚皆願承受。……此點閣下必有所聞。
李：台地瘴氣甚大，曩昔日兵在台傷亡甚多；此即所以台民多吸食鴉片煙，以避瘴氣。
伊：我國日後領台，必禁鴉片。
李：台民吸煙，由來久矣。
伊：鴉片之物未出之前，台灣亦有住民；如我日本嚴令禁絕鴉片進口，台灣當能無一人吸煙。
李：台民戕官聚眾紛擾為常事，他日不可怪我！
伊：清國一將統治權讓出，即是日本政府之責。
不論李鴻章或伊藤博文，兩人之對答僅是外交場合的爭辯，誰也不完全清楚台灣的實情，只各陳述想當然耳之事。
從上文可以看出，李鴻章在伊藤博文面前，堪稱窘態畢露，只能一味挨打。
李鴻章簽約割臺，如丘逢甲所說：「宰相有權能割地」，誠為千古罪人，但孰令致之？

外交談判的基礎在國家實力（至少包括軍事、經濟，當然不只），清廷顢頇庸懦，接仗時潰如山倒，如此實力，外交場合有何談判籌碼可用？要說宰相「有權割地」，似乎賣國無恥，但觀察其談判過程，並非毫無作為，其實是情勢出乎意料，預備不足，措手不及，他臨時想出各種搪塞推託之詞，都被對方悍然否決，絲毫無法阻卻他們奪取台灣的決心，只能黯然就範。

也許我們可以說，他這一場談判表現拙劣，庸臣誤國。罵人很容易，但平心而論，談判最要緊的是什麼？是籌碼。巧婦難為無米之炊，沒有真正的籌碼，你再大的本事，在談判桌上能擺出什麼？能跟對方談什麼？

什麼籌碼都沒有，他只能想到哪兒、抓到哪兒，但悲哀的是，溺水的人抓的偏偏都是稻草……他先抬出英國，想要嚇唬對方，但這一手，唐景崧也試過，還試了N次（英國、法國、德國全找了），試到他法寶出盡，人家告訴他「護臺罷議」，狼狽西遁為止。人家英國（不只英國，列強都是）根本沒打算插手攪這渾水，日本對於即將到口的肥肉，也毫無顧忌可言。

第二是以對方兵力未及台灣，設辭推託，對方立即恐嚇：簽約不夠，還要等我打？那簡單，「兵若深入山東各省，其將如何？」重啟兵端，那是清廷最害怕的事情，他能不閉嘴？

其三是用取臺灣的困難度嚇唬日本，「海濤洶湧，台民強悍」，他以過去法國人失敗為例，想嚇退日本人。但偌大的清帝國都被殺得兵敗如山倒了，日本會怕什麼強悍的老百姓嗎？

李鴻章連出三招，都無法奏效，只好拉扯瘴氣啦、鴉片啦，希望讓對方知難而退。可你想想，人家打仗打死人都不怕，怎會怕什麼瘴氣、鴉片？

最後一招是提醒對方：「台民桀官聚眾紛擾為常事」，這是很難統治的意思。可對於日本人來說，根本就小菜一碟，造反的殺光就是了，這有何難？

以上這些言辭上的推託，看起來軟弱無力，連交鋒都談不上，好像李鴻章很弱、很白癡，或者賣國求榮，但真正的原因，是他只能軟、不敢硬。

朝廷派李鴻章出去，目的是什麼？只有一個：求和。戰敗求和，潛台詞是什麼？「求求您別再打我了，看看您要什麼，怎麼都行。當然，您如果能少拿點兒，小的跪地感恩，在這兒謝謝您了。」在這個基調上簽約，能有什麼談判空間？

所以，真正的罪魁禍首，真的是有權割地的宰相嗎？還是那煌煌大清、尊貴無比的老佛爺？

《阿罩霧風雲》筆記

（一）

看完了《阿罩霧風雲》，心裡糾結成一團，百感交集。

原先對霧峰林家的印象，就是軍功起家，力田習武，功名赫赫，是台灣有名的武將世家。在五個台灣著名家族裡面，姓林的占了兩個大家族，其中最顯赫的，毫無疑問，當然是霧峰的林家。

去年去霧峰的時候，看到他們家的花廳，還有廳堂上一尊一尊林家列祖列宗的畫像，只覺得目不暇給，百年世家，就這樣子煙雲寥落，極有今昔之感、滄桑之悲，還沒能想到太多。但是等到看完《阿罩霧風雲》，歷史的脈絡慢慢都變得清楚了，但是有很多情感層面的東西，卻糾結得更厲害了。

霧峰林家是台灣有名的家族代表，但是他們的故事所能夠顯現的，絕不只是一家一姓的命運，而是台灣這塊土地，無數的家庭都共同面對、共同經歷的。在那個過程裡，我們才終於明白臺灣人在歷史定位中的特殊性，明白移民社會的滄桑和悲涼，還有他們的榮光和無奈。

林家的發跡，一開始其實就是從災難掙扎出來的——一七八六年的林爽文事變。林爽文要起兵之前，當時當地的族長林石，曾經對他苦口婆心的勸告，甚至願意給他半數的財產，過繼一個兒子給他，希望他不要衝動起兵。（網路上看到一段林石勸告林爽文的文字，不知是否為真：「人生欲得富貴耳，吾今幸得溫飽，終不忍視汝及禍；能從吾言，毋妄動，願割產之半裨汝，且以一子為汝子。」）

最後林爽文沒有聽勸，兵敗，被凌遲處死。翌年林石遭清廷以林爽文夥黨名義逮捕下獄，財產抄沒。

我們讀到台灣歷史上的民變，只知道林爽文、朱一貴、戴潮春，知道他們很快地就被撲滅，也沒想太多。大概萬萬料想不到，這跟霧峰林家有著千絲萬縷的聯繫。

林爽文事敗，林石受到牽連，無法逃避的災難終於撲上身來，最後死在獄中。他的媳婦端娘帶著林家後代甲寅、瓊瑤從大里遷到了當時名為阿罩霧的霧峰，重新開拓他們自己的家業，以至富甲一方。

林家最傳奇的人物，無疑是林文察。台灣當地械鬥之風非常盛行，林文察的父親林定邦在械鬥調解過程中被打死了，文察為父親辦理後事，靜候清廷做出公正的裁決。但久候沒有結果，他決定自己動手報仇，攻入四塊厝，殺掉仇人之後，血祭父親定邦，然後自首。

沒想到後來福建的小刀會之亂，腐敗的清廷沒有足夠的兵源可用，最後把在監獄裡坐牢的林文察調出來，讓他戴罪立功：招募臺勇，撲滅小刀會之變。這一下，文察所率領的林家武力，卻在臺灣歷史上站起來了。

但歷史的滄桑和命運的無情也在這裡，文察從平定小刀會、太平天國到戴潮春之亂，屢建軍功，但他敵不過官場上的惡鬥與算計，在漳州的萬松關一戰，援軍不知何故不至，力戰身亡，死時年僅三十七歲。

他的戰功為林家換得了太子少保、一品官銜，御賜宮保第匾額，加上他弟弟文明不斷擴充土地，林家由此實力大增，成為中臺灣最富裕的家族，但也引來了官府仕紳的疑忌。

首先是彰化知縣得到福建巡撫的默許，查辦文明侵奪土地一案，文明以徵用土地為發軍餉，不願退還，接著他自認無罪，又以身為提督，官階高於知縣，凜然不懼，隻身赴衙受審，沒想到在公堂上被活活打死，官府聲稱文明造反，就地正法。

林家兄弟為大清立功，卻都慘遭橫死，文明甚且身受污名，此恨難平，據說林家一度曾想造反，後來決定吞忍下來，到京控告。文察、文明之母戴氏，帶著一品夫人的頂戴，前赴福州，隨時等待傳喚，接下來就是漫長的「京控」歷程。

這個過程耗去了林家無數資產和精力，戴氏至死都沒有等到朝廷的平反，文察子朝棟盱衡全局，深覺無法對抗龐大的官場鬥爭，此舉無濟於事，最後簽結放棄「京控」。與朝廷官員修好，重整產業，並努力加強林家武力，直到劉銘傳徵召臺勇，迎來林家復興的契機。

朝棟子承父業，在清法戰爭中幫助銘傳擊退法將孤拔，軍功彪炳，深受銘傳倚重，敘功時官封二品，賜穿黃馬褂，成為全國道員中唯一賜穿黃馬褂者。加上清廷所賦予的全臺樟腦專賣權，林家財富、勢力都達到頂峰，堪稱全臺第一家。

故事看到這裡，我看到的不是只有榮耀，更多的卻是悲慨。

一個家族的興起，靠的不是只有聰明才智、勇猛善戰，還要對付那龐大的官僚體系，面對各種可能的妒忌、攻擊和陷害。朝廷能給的東西，朝廷就能拿回去，「趙孟之所貴，趙孟能賤之」，一家的興旺和富貴，終究離不開整個政權體系的親疏榮辱，無法脫離權力鬥爭而巍然自存。

我因此才明白，書院的老師當年為什麼跟我說：「與其習武，不如習文。」習武要的是一刀一槍，為國家立功，但最後的結果，卻可能是兔死狗烹，鳥盡弓藏。尤其是，習武而不能文，就無法權衡局勢，掌握出處進退的良機，保護整個家族的生命和財產。

古時候的人所說的武，不是只有打打拳、健健身，古時候的人所說的文，也不是只有寫寫文章，舞文弄墨。武和文最後所要面對的，都是殘酷的現實鬥爭。換句話說，在社會真正要活出個人樣來，裡面有多少的奮鬥拼搏，還有預料不到的各種災難在等著，一個家族要在這個社會上站起來，沒有那麼輕易。

但讓我更悲傷的是，無論如何努力地站起來了，每個家族都擺脫不了時代的烙印。文察乘勢而起，也因勢而敗，文明甚至因此致死，朝棟在更縝密的思維中迎來了父親不曾到達的高度，甚至在施九緞之亂中恩威並施，得來了「德同再造」的匾額，但即使如此，他們所效忠的大清，終於頹然將傾，接下來他們要面對的，是前所未有的巨變：臺灣的割讓。

面對器械、兵源都佔優勢的日軍，朝棟被迫解散「棟軍」，黯然西渡，最後死在中國大陸。

他的兒子、孫子，為了迎來更好的國家，一個成了革命軍、被軍閥所殺（祖密），一個成了共產黨，被國民政府槍斃（正亨）。林氏下厝的一家四代，堪稱「一門忠烈」，唯一善終者林朝棟，也在背井離鄉的失鄉之痛中死去。

讀這樣的故事，顯然早就沒有了歌功頌德的情調，裡面有更多更多的歷史悲慨和沉思。那麼，在這樣動蕩的大時代裡，這些先人同胞的故事，究竟給了我們什麼樣的啟示？值得深思。

（二）

為了上林幼春的詩：〈送蔡培火、蔣渭水、陳逢源三君之京〉，連著幾天把《阿罩霧風雲》細看了好幾次。真的，好幾次。

聽說他們本來要分三集，但因故無法完成，只能分成上下兩集：第一集叫作抉擇，第二集叫作落子。進入它的下集，整個時代的色調就都變了：從大清帝國轉向了日本殖民。而這一段日本殖民的歷史，正是林幼春那首詩的背景，如果不從整個大時代的背景來看，那首詩背後的深沉悲慨，就不容易讀出來了。

《阿罩霧風雲》的上集說的是林家的功名之路，輝煌煊赫，卻也走得艱辛。有鑑於單純習武無法和惡鬥的官場相適應，林家由武轉文，頂厝的文欽專意習文，果然考上秀才、舉人，走出了一條當時的知識分子最正規的道路：科舉之路。

他們萬萬沒想到，緊接著又迎來湘、淮兩軍的惡鬥。文欽受知於湘系的座師劉璈，但劉璈與淮軍劉銘傳互相猜忌，清法戰爭中劉璈以私心未加援助，得罪了銘傳，最後下獄。受到劉璈牽累，文欽宦海生波，如果不是朝棟說情，連他秀才的功名都要革除。家園方定，緊接著就是國難，他們碰上了千古奇變：乙未割臺。

那一年，文欽的兒子林獻堂才十四歲，面對了家園異主的慘況，被迫迅速長大，奉親內渡。等到局勢穩定，他第二年回來臺灣的家園時，即將面對的，就是日本的殖民統治。

那是什麼樣的時代？他會有什麼樣的心情？祖先效忠於大清，但大廈已經崩塌，獨木難支，面對異族強橫的統治，他又能如何？他只有把槍炮都交出來，委屈求全，努力和總督維持關係。

但這種維持總有破綻，他曾一度回到中國，稱之為「祖國」，流露了自己的真情，被日本特務偵知，臺灣軍參謀長荻洲立兵在始政紀念會上，授意日本浪人當眾打了他一頓，讓他承受了有生以來最大的羞辱。

二戰爆發以後，他更被迫靠邊表態，十五年前的一首頌揚英國的詩，被日本人找出來，強迫他登報道歉。

獻堂只能忍氣吞聲，這就是臺灣第一家族，武將世家，在那個時代所面對的命運。他甚至要在皇民奉公會上演講，表達他對日本天皇的效忠和感激。

看到這裡，我忍不住要想：一個讀書人的命運走到這裡，他的心裡還能存住多少東西？在那種時候，這世上還有什麼是值得希冀、值得企求的？可是他撐下來了。他在梁啟超的啟發下，決定用溫和的手法，努力爭取臺灣人的自治，也努力啟蒙臺灣人的文化。那是一條出路，是知識分子安頓自己的出路，也是為臺灣人謀求的一條出路——儘管文協的左派認為他太溫和，但在那個時候，這卻是可長可久的一條路。

這條路走得艱辛，臺灣議會設置請願運動，請願了十五次，都沒有成功，最後被迫停止。但影響是在這個過程裡，漸漸喚起臺灣人的自覺，而接下來最值得期待的，就是二次大戰的結束，回歸祖國。

我們都可以想見臺灣的知識分子在那個時候的心情，被奴役統治五十年，終於迎來了自己的祖國——只是那個祖國現在不叫大清，叫作中華民國。正是在這樣殷切的期盼下，迎來了祖國的軍隊。然後，發生了二二八。

在他們終於「撥雲見日」的時刻，緊接著迎來血腥的鎮壓。赤子回歸父母的心情，最後被放在地上踐踏，全島的大搜捕，和日本總督簡直沒有兩樣。

這竟然是臺灣知識分子的命運，竟然是臺灣人的命運。我看到這裡，心裡竟浮現一種無以言之的悲感：到底要讓臺灣人受多少苦，老天爺才覺得甘心？

最後，獻堂懷著不為人知的心情，出走日本，在那裡住下來了。國民政府在臺灣的土地改革政策，對地主十分不利，官員卻前往日本，希望他出面支持。蔣中正也親自寫信，邀他回臺，用意不問可知。他的威望再高，仍然是一顆政府的棋子。他終於沒有回臺，在日本定居七年，直到去世。

臺灣是一個移民社會，這些年來，正好迎上了各種時代的巨變，艱辛備嚐。一路走過來，每個人所做出的選擇也都不一樣。但有一個點是一樣的，就是為了要好好活下去，每一代人，都有他期待和嚮往的家園的樣子。為了自己所相信的信念，每一個人都必須咬著牙拼搏，努力活出最好的樣子。

我們不見得都習武、習文，或者從商，那是一種關於自己要「成為什麼」的選擇。我們的認同對象也未必一致，從大清、日本人、國民黨到共產黨，這塊土地上的人們，一直在找尋屬於自己的美好夢想。儘管時常上當，受到欺騙、侮辱和殘害，付出再多代價，但終究要走出一條自己的路。

林獻堂和林幼春是在時代夾縫中被壓擠的人物，儘管他們都那麼優秀，儘管他們都被各種力量壓得快喘不過氣來了，可他們終究給臺灣人指出很重要的一條路：關於民主自治，關於文化自覺，那是一條可長可久的大路，可以通向永恆普世價值的一條路。那是阿罩霧的林家留給臺灣人最珍貴的禮物。

我突然想起連橫寫的那些句子：「凡我多士，及我友朋」，但我後面不想接俗套的「惟仁惟孝，義勇奉公」，我想接的是：我們還是要多讀書、善思辨、用智慧，而且更重要的是：義不相負，不要辜負他們在這條路上所做的付出，不要活得愚蠢卑微，活不出個人樣來。

這是我看完《阿罩霧風雲》下集的一點感受，零亂記下，且供他日反思。

勸和論

這些年，可能有意無意之間一直在找，或者說確認一個東西，那個可以把人支撐起來的東西。最近在上鄭用錫的〈勸和論〉，已經快要上完了。上這一課，心裡頗有感觸，又想起我一直在思索的問題。

這一課，一般教課的人似乎多半覺得乏味，覺得不好說。我卻喜歡這一課，覺得它重要，可以說的東西很多。

有些人覺得這篇文字普通，其實，課本的文章，文采美不美在其次，夠一定基礎就行了，我對這篇的文字並不挑剔。「開臺進士」的文字，也差不到哪兒去，裡面還是有一些精神，有一些思路，可以讓教課的人好好發揮。

真要說起來，那些東西都重要得不得了。

譬如說：「未有不親其所親，而後親其所疏。」這話一聽起來，就是儒家氣味。《大學》裡面說：「其所厚者薄，而其所薄者厚，未之有也。」大約不外乎這層意思。

這個意思不難懂，但不容易說透。

我們的原生家庭無可選擇，「所厚者薄」，有時候是沒辦法的事，它就是緣淺，叫它怎麼「厚」

得起來？「其所薄者厚」，也很常見，人家說「白頭如新，傾蓋如故」，傾蓋為什麼能夠如故？也許就因為緣分夠，一見如故，那麼「其所薄者厚」，怎麼會是「未之有也」？

這樣的質疑我也有，不過，我後來是這樣理解的：

儒家像是畫了一個圈兒，你來到這個世界，必有個圈兒，那個圈兒裡的人雖然不是你選的，卻是你關係最近的人，無論願不願意，得處。討厭的是，儒家還要「窮兇極惡」地指著說，這是本，「君子務本，本立而道生。孝弟也者，其為人之本與？」所以，你再不爽，他說這是大本，能不理會嗎？

我們當然可以不處，扔下不就完了嗎？管他儒家說啥。對，其實也有扔下的，也可以三江五湖地去，所謂社會輿論人情壓力，也有管不著的時候，天不怕地不怕的一扔，就是有一種痛快。可這一扔，人也輕了，飄起來了。痛快是痛快，很多東西也就沒有了。

毓老師以前曾經說過，說他的母親叮嚀，不要交不孝的人做朋友。為什麼？老師解釋，這人要是連父母都能扔下，那麼，這世上沒有什麼他不能扔的。

我大概這麼延伸一下：這樣的人事到臨頭，或利害衝突，或有不虞之隙、求全之毀，或是盛氣驕人、睚眥反目，總之，沒有不能撕裂的關係。

扔掉的時候像是擺脫，當然有它的暢快。可如果不扔呢？不扔的時候就成了一種承擔。同畫在一個圈兒裡的，他就得照應。關係親密要照應，說話不對頭也照應，這就是一種承擔了。

誰來當父母，沒得挑。他們不必完美，也求不來。一般情況，長大需要時間，我們力量還不夠的時候，總要抱怨些個什麼，這兒不好那兒不好。確實是不好，可力氣都用在抱怨了，老覺得人家欠我，這個世界欠我，我們也就長不出什麼來承擔，這一輩子，也就廢了。

原生家庭自然是一個圈兒，出了門兒，到處都是圈兒。同班同社，同屆同梯……能「同」的多得很。圈在一塊兒時常是偶然，就是碰上了，碰上了不一定都能對頭，不對頭的時候，也得擔起來，太大了也許擔不起，但能擔多少人，就成就多大的事業。

那為什麼有人能擔有人不能擔？當然也可以天花亂墜地找出一堆因素，理由也都是真的，可那些因素找出來之後，人還是擔不了。那理由也就白找了。

我後來深深覺得，承擔是一種長期養成的過程。

徐皓峰有一句話說得不錯：「古人的生活基礎是祠堂、師門，道德基礎是朝廷有史記，民間有族譜。」

祠堂、書院、師門裡頭，在給出一種精神的嚮慕之力。史記、族譜裡頭，又給出許多針砭和提醒。那樣的氛圍若形塑有成，容易出人物。

那樣的土壤空氣長出來的人，不會那麼輕飄飄，不至於把不順眼的都扔下，至少不那麼輕易。

回到課本裡來，臺灣那時為什麼老愛分類械鬥，為什麼家破人亡，慘極而不知悔？因為生活基礎不夠，來這塊土地上討生活的人，多數是流民。

什麼祠堂啊，書院啊，師門啊，這些東西，流民沒有。文化基礎不夠，那些東西長不出來，所以只剩下了本能的自私，搶多少是多少。

要畫圈兒嗎？是有圈兒，和粵人利益衝突，閩人就畫圈抱團。可閩人自己利益衝突呢？就漳州鬥泉州，各自畫圈抱團。那泉州自己圈兒裡就團結嗎？也不，三邑人殺同安人，史上最慘烈的「頂下郊拼」，說來真不光采，三邑人借安溪人的道，去殺同安人，可三邑、安溪、同安，還都是同一個泉州府，同一個「圈兒」。

那就是說，其實沒有什麼圈兒，只有利益結盟，隨時組合，隨時可以拆散。

鄭用錫說：「甚矣，人心之變也，自分類始。」他們是分類了，可這個圈兒畫出來，隨時能拆散，沒有什麼永久性。

這才是臺灣分類械鬥的骨子裡真正的問題，最可怕的問題。

鄭用錫未嘗沒有發現，這些人畫圈抱團，裡面的理由其實也很空。「問為漳、泉而至此乎？無有也。問為閩、粵而至此乎？無有也。蓋孽由自作，釁起鬩牆，大抵在非漳泉、非閩粵間耳。」不是漳泉、不是閩粵，那是什麼？

鄭用錫大概不好意思說，就是眼前利。

臺灣是移民社會，往好聽了說，五方雜處，很有漂亮文章可做。張其昀說臺灣精神便是移民精神、革命精神、創業精神和海國精神，這話說起來多漂亮。

但最難堪的是裡面的問題，就是流民，只有眼前利的流民。

華夏文明是居民文化，即使不是世家，居民生活有土地，有組織，通過祠堂、書院、師門這些東西，讓名譽、公益、仲裁都有系統。流民沒有這個。

這恐怕才是械鬥長期不息的主因。

即使現在械鬥已經停息了這麼久，它骨子裡的東西仍然活著，仍以不同的形式，在臺灣這塊土地上不斷地延續著。

流民的可怕之處，在於他「只是活著，但是缺乏生活的基礎。」所以不斷地「孽由自作，釁起鬩牆」。

生活的基礎，那正是我們最需要的東西，可能也是毓老師最想給我們的東西。

和好的藝術

最近在上一篇李清志的文章，叫做「和好的藝術」。這是一篇文字流暢、乾淨的文章，除了故意把「效果」寫成「果效」而且連寫兩次顯得很著痕跡以外，其實是一篇滿好的選文。

這一篇選文還有一些好處，對於高中課本選材來說，可有一定的引導示範作用。

首先是「跨領域」這件事。先前我寫過兩篇文章，批判了孫維新和王溢嘉，這並不是說我不贊成跨界，而是我反對為跨界而跨界，反對那種語文教學人基本訓練不足，還對理工科普性質文章一味迷信的現象。

「跨領域」本是很好的事，只是在語文教學上一定要先弄清楚我們到底要給學生什麼，把核心問題真的弄明白了，在跨界的時候才能真的受益。如果弄不明白，不管這作者有什麼了不起的理工背景，整篇文章都可能是範疇的錯置，更糟的是，選文的人還看不出問題，盲目引用，那就說明這場語文教學已經敗退投降了。

那麼「跨領域」有什麼好的例子嗎？我想，李清志這篇「和好的藝術」至少有一個好處，就是他提供了非常有意義的思考角度。如果說，文學的創作是在為我們的生命意識提供反思、為我們的存在提供觀照的話，那麼，這種「建築觀察」的文章肯定和文學有所重疊，而且絕對是文學的延伸和發展，它完全能落實在我們的生活美學裡，並且還從另一個角度豐富了文學的視域。

別的不說，光是這個引導的作用，就有很大的價值。選這種文章，我們就不必糾結在高中選文到底要選感性和理性，因為這類文字本是理性和感性兼具的，具有多重向度的教學效益。所以我說，這種選文有很好的引導作用。

但從另一面來說，這文章卻也有很糟糕的地方。我讀了後，為之作嘔，不快數日。一直到幾天之後，重新讀過一次，好不容易替他找到了下台階，我才能從容地為學生講述這一課。

這篇文章的好處，是他引導學生去看見「建築究竟是怎麼回事」。

據課本所說，他認為臺灣人長久習慣於喧囂的生活美學與誇張的表現形式，因此許多事物的探討流於浮面，很難有深刻思慮，所以通過寫作與讀者分享能讓人靈魂沉澱安定的場所。我想，這一點非常好，正是這種文類應該被看見的主要原因。

至於課文，簡單地說，他是透過和平祈念館、和解教堂，探討和平紀念空間的設計與人文意義，述說和好的深意，以及寬恕釋懷的重要。尤其末尾強調：和好須從自己做起，擴及與他人、上天和好，期許以愛和饒恕面對未來，富有自我省察的積極意義，也展現開闊的胸懷。

你看，這都挺好的吧？

不。問題可大了。

課文中詳寫的有兩個例子：長崎的和平祈念館、柏林的和解教堂。前者強調了光、水、地下和靜寂，藉此說明建物如何觸動人心。後者強調了塑像與夯土，塑像表達了和他人、和世界的和解，夯土混有老教堂的廢墟碎片，表達和自己、和過去和解。

大體上看，這些都是好材料：舉世聞名的建築，其「空間敘事」中又含有如許豐富的訊息和省思。照理說，內容切題、思想深刻，沒什麼好挑剔的。

可是，我看著看著，卻起了一陣雞皮疙瘩。

長崎死難之慘重，幾可說是人類史之最，這一顆原子彈，為何投遞？這一場戰爭，為何發生？如果我們不追究原因，只讓參觀者繞場一週、靜下來追思緬懷，這樣，於戰爭的避免究竟有何助益？作者說要通過建築讓觀者靜下心來，帶離仇恨的情緒，所以呢？這樣就和解了？誰和誰和解？為什麼和解？真是和解了嗎？

就在今年四月，日本首相菅義偉在訪美期間，特意拜訪了美國阿靈頓公墓，並向二戰期間轟炸東京而犧牲的美軍飛行員獻上花圈。一九四五年，日本廣島和長崎遭到美國投擲原子彈轟炸，建物全毀，死傷慘重，迄今餘痛猶存。現在，首相放下了無數國人被殺的仇恨，向下手的兇手卑躬屈膝地獻花，這算不算和好？

看到這一幕，我們對原先已經想像得很美的「和好」，會不會開始有些鬆動？這是「和好」，還是露骨的諂媚，或是利益的交換？如果這些都出於現實的算計，那麼，我們對「和好」的奧義，要不要重新再想想？

二戰後期，是美軍轟炸臺灣最劇烈的時候，有長達兩年的時間，我的母親只要一聽到空襲警報，就要帶著弟弟慌忙逃竄，鑽進防空洞躲炸彈。我的二舅年幼，只要聽到空襲警報，沒有一次不是嚇得大哭，他因此得了一個外號，叫做「驚飛行機仔」（怕飛機的），這個諧謔的外號，現在想來何其荒誕，他怕的是飛機嗎？是炸彈！而炸彈究竟有誰不怕呢？

母親說，她的四叔當時聽到空襲警報，見到長官們都躲進了設備豪華的防空洞，心下不平，不肯隨著其他同儕躲藏，也跟著長官鑽進了那裡的防空設施。沒有想到美軍計算精準，那場空襲就是專門炸那些長官的，於是，那位四叔公被炸得血肉橫飛。

可是，我們誰也不敢對著美國說什麼。面對那兩年的狂轟濫炸，我們不敢說「美」軍轟炸，只能說「盟」軍轟炸。因為，那是我們的頂頭上司。

而那些被炸死的無辜百姓，我們只能鼻子摸摸，讓他們的冤死埋進歷史的煙塵裡。誰教我們是美國「友好」的對象呢！

那麼，這算不算「和好」呢？

如果我們誠實地觀看這些史實，觀看這些正在發生的難堪，我們還會輕易地說出「和好」「和解」這些高大上的詞彙，輕易地把這些殘酷的政治現實蒙眼無視，只用「和好」來定位這些事情的結局嗎？

再看東西德的和解教堂，那塑像的意義，擁抱痛哭，意思再明白不過了。和解、寬恕當然好，但是，東西德為什麼分裂？南北韓為什麼分裂？是誰讓他們分裂的？如果讓他們分裂敵視的原因都不過問、不探究，只是弄個雕像讓人抱在一起，痛哭流涕，就真的能和好嗎？

這麼明白的事情，我們卻誰也不敢明白指陳。簡單地說，這些分裂，都符合美國利益。剩下的，就不用多說了吧。

我們未必不知道，東西德的經濟條件如此懸殊，德國人必須用多大的耐力和意志力，才能承擔這場東西德統一的代價！這樣的代價，韓國人可以嗎？兩岸呢？

在西方勢力為主導的情勢下，各種仇視和嫉恨如此徹底，整個世界的分裂如此鮮明，我們不敢也無法追究原因——那是全世界最強大的國家，也是自由民主、人權法治的最高燈塔，我們怎麼敢又怎麼能質疑什麼？

於是，我們只能跨界建築、跨界藝術、跨界文學，用跨界的整合和感悟，書寫著我們對世界更加美好和平的想像，在優美的文字裡慰撫彼此。於是，美其名為「和好的藝術」。

這就是我讀這篇文章覺得難受的原因。

這文章不是不好，它當作選文，還真的能引發很多跨界的思考和反省。但是，我上這一課時，我忍不住要在黑板上寫了八個大字：「何以致之？孰令致之？」讓同學們抄下來想一想。

如果我們對於這麼嚴重、這麼慘烈的事情，都不能思考原因，追究到底，而只能用一些優美的文字敷衍過去，我很害怕，這樣會把我們的學生都教傻了，品味也都弄壞了——不知不覺變得虛浮，只說漂亮話了。

另外，還有一個更現實的問題。如《經濟學人》雜誌所指出，臺灣已經成了地球上最危險的地方，戰爭隨時都可能會發生。而我們臺灣的當權者仍然「虛內務而恃外好」，天天用最激烈的言詞刺激對岸，我們的意見領袖更是傲然不懼地說「無恃其不來，恃吾有以待之」，大聲疾呼備戰，聲稱願意投入戰場。

鍵盤上敲打出來的「願意從軍」、「抗中保台」的訊息瀰漫網路，這種視戰爭如兒戲的態度，已經成了臺灣越來越普遍的現象。

我們對過去的戰爭，不肯探究真正的成因，只用優美的「和好」來總結。對未來的戰爭，也絲毫不肯戒慎恐懼，傲慢地宣示著自己狂躁浮囂的立場態度。

這樣的「和好」，虛浮得渾無意義。而當我們迎來「一點都不害怕」的戰爭時，恐怕也沒有什麼「和好」的權利了，更別提什麼藝術。

畫菊自序

最近跟學生上張李德和的〈畫菊自序〉，免不了會談一談畫，然後談一談題畫。

有同事說，這一課是新教材，能不能來我這兒旁聽，又很客氣，怕有所不便。我想，我不如把自己想到的幾個點說一下，給需要的老師參考，這樣也許比較方便。

前幾年幫學校看教甄，試教的時候總會有人抽到這一課，一看到「臺灣女性」這個標題，那些聰明的考生們，馬上就卯起來講性別，覺得這是政治正確，非講不可。

於是，整個試教的過程裡，一切都是為女性而女性，每一句在解釋的時候，都可以解釋成「女人很可憐，只能跟在男人後面」，甚至「陶淵明喜歡菊花，她也只好跟著男人一樣，喜歡這些東西」。

講性別意識，其實我不反對，但這是國文課，這一篇是〈畫菊自序〉，想教書的人，至少要先看懂一點作者到底在說什麼。而不是從頭到尾都在講「女權」，完全將文本置之不顧，或者把每一句課文都拗成「女權」。

有些教者，幾乎把這門課當成了「政治學入門」，或「社會學概說」，完全忘記了這是一門「語文課」，甚至忘了（或不在乎）這篇文本到底要說什麼。

臺灣這些年很流行「解殖」、「父權」、「家父長」這些名詞。可是，說的人時常以為只要提了這些名詞、這些主題，就會躋身主流、得到欣賞。換句話說，許多人還是以為，只要政治正確，就會高分。

他們沒有意識到，「遵從政治正確」的這個念頭，本身就是最威權也最奴性的反應。這種反應，是放任自己的奴性，無條件地追隨新威權。

既然是「畫菊」的自序，到底什麼是畫？為什麼要畫菊？她對於自己選擇了畫菊，覺得題詩還不夠，非得要寫一篇文章來說一說，她想說什麼？她說了什麼？她說清楚了嗎？這都是最基本的東西。

基本的東西不弄清楚，一看到當紅議題就開始蹭熱度，這樣還想教書，我覺得真的不行。除了文章裡提到的「不隳聰明」這個理由以外，人為什麼要畫畫？相夫教子之餘，選什麼活動都好，為什麼是畫畫？繪畫這件事，有什麼值得說的，甚至非說不可的東西嗎？

繪畫當然不是這個世界的複製或再現，這一點在中國美學裡早就是常識，即使是在西方世界，近數百年也已成了無庸置疑的定論了。如果不是這個世界的複本，那麼，繪畫又是在做什麼呢？

蘇軾說：「論畫以形似，見與兒童鄰。」不求形似，求什麼呢？求的是天工、清新。繪畫，是用筆墨留住天地間的一片靈光，但那片靈光，卻是心田感悟出來的，所謂天工，是人對宇宙的真實領悟，所謂清新，是生命的自然流露。

換句話說，真正的畫者，都是在進行一場生命的言說，只是藉著他捕捉的一景，寫他的感悟而已。

《莊子》裡有一個故事：

宋元君將畫圖，眾史皆至，受揖而立，舐筆和墨，在外者半。有一史後至者，儃儃然不趨，受揖不立，因之舍。公使人視之，則解衣盤礴，裸袖握管。君曰：可矣，是真畫者也。

畫圖當然不一定要脫衣擦袖，但必須面對自己，而不是面對非譽巧拙、慶賞爵祿。這樣，他才能乾乾淨淨地自我面對，畫出一點他感悟的靈光。

鄭板橋在題畫的時候，曾經說：

江館清秋，晨起看竹，煙光日影露氣，皆浮動於疏枝密葉之間。胸中勃勃遂有畫意。其實胸中之竹，並不是眼中之竹也。因而磨墨展紙，落筆倏作變相，手中之竹又不是胸中之竹也。總之，意在筆先者，定則也；趣在法外者，化機也。獨畫云乎哉！

他畫的，其實是胸中勃勃的那一股生氣、那股衝動。不管是疏枝密葉，還是煙光日影露氣的浮動，都是天地自然的生氣。每個人所見所感所悟都不同，在不同的生命胸中，醞釀出來的勃勃然的東西也就各不相同，那就是畫者的胸中意象。

大家都在繪畫裡找自己，尋找屬於自己的意象，屬於自己的那片靈悟。管夫人的墨竹，已經成了經典的藝術意象，那我的呢？我想畫的是什麼，在紙上給自己留下一點什麼？

這是文章裡面，作者隱含的主要思路。

繪畫，其實是「筆補造化天無功」。他畫的是這個世界，但可以比這個世界更大、更深，因為他畫的是自己的裡面，畫的是那一剎那的感悟，貴在從有限中見出無限，見出比現實世界更大的東西。

至於文章後面提到的「秋姿不老，四座流芬」，那到底是什麼？是堆砌詞藻的漂亮話嗎？如果是，這文章就真沒什麼價值了。

以前的人說，「松生堂上，韻遠風清；壑在牆頭，泉懸幛濕。」一幅好東西往牆上一掛，整個屋裡都有了不一樣的氣息，連溫度都變了。好的筆墨，讀起來是會讓人煩囂漸減，愜意移情的。「秋姿不老」，是她想留住那一片秋天的靈光。屋外的菊花會凋謝，但被藝術化的筆墨烙刻的意象會進入永恆。筆墨點染之際，若能抓住花的魂魄，也就真正留住了它，所有的觀者都能受到滋潤，這就是「四座流芬」。

這是作者的夢想，是為了這幅畫，也是為了畫畫這件事點題。她的繪畫有沒有到達這個境界，是另一件事，但她的文旨在此，必須把握清楚。

最後，我想來說一下關於「題畫」。

這一篇叫做自序，所以有些老師就往「序」的分類去講，一講就是一大堆國學常識，講到口乾舌燥，卻還是不容易說到它的精神。

其實這一篇的本質很像題畫，「一幅畫」和「一本書」的性質不同，它是讓筆墨、讓畫面去表達的。所以，一般的「書序」時常在概括、說明、補充；但是「題畫」則不然，那是畫龍點睛。

筆墨容有不能盡處，適當的文字點上去，就能有點染精神之妙，會把裡面的東西點活、說透，一句說不夠要兩句，兩句不夠就來一首詩，詩還是不夠就來個小文章。鄭板橋就有這種題畫的小文章，把畫家想說的東西都說在裏頭，說得又深又透。

所以從「題畫」的性質去理解，會比較能夠說得深。那就像畫龍點睛一樣，點在適當的位置上，把無窮之義給引出來。繪畫是一場自我言說，而題畫則是「點眼」，把氣脈點通。

比如說我小時候畫花鳥，畫面上幾朵梅花，三隻鳥，畫完了，就不知做什麼好了。我父親拿起毛筆，在上面題了四個字：「梅雀爭春」，然後蓋了一個印章。

我們可以想見，畫面上有梅有雀，其他的空白本來無所言說，但「爭春」兩個字一點，就有了什麼，在那片空白裡流動。

後來我又畫了一幅鯉魚，在水裡游來游去。這時候我的技術進步了，畫面也逼真許多，旁邊的水草搖曳生姿，很有感覺了，但是還是不知道要題什麼。

爸爸拿起筆來，就題了一首詩：

眼似珍珠鱗似金，時時動浪出還沉。

有朝得上龍門去，不歎河中歲月深。

那些水波、藻類，還有水中的光影，好像都找到了一種位置，那片水光裡，於是有了一種態度，有一種情味。

當然，我父親不是名家，只能在現有的價值系統裡為我提點，也許境界還是有限。等到我後來看到溥心畬的畫作，那種經驗又完全不同了。

有一次，我看到他畫的荷花，水墨、黑白，枝條柔軟鮮活，意境自然是高。旁邊空白處，題著兩句詩：「翠蓋搖明月，餘香散碧空。」在讀懂文句的那一剎那，有一種感覺，彷彿靈魂都被洗滌了似的。他筆下的世界，比我們看到的這個現實世界，還要更深更遠得多啊。

所以，講這種文章，要站在高一點的地方，把張李德和可能看見、可能想見的那一片文化風景，先做一點大概的認識，然後才有機會說到裡面去。

如果這些都不看、不讀、不懂也不想，一拿到文章就是「性別」就是「女權」，去教一點公民也許還行，但拿這個就想教語文，到底是對語文有多不重視啊？

意象

武俠世界的魅力所在，其實很難說得清。因為其中蘊含了多重文化意涵，儘管讀後充滿審美快慰，卻未必能說出其中最精采的是什麼。經過多年思考玩味，我想要試著提出一種理解的可能性——就是作品中的「意象」。

金庸的小說裡，那些動人心魄的靈光，多與「意象」有關。

何謂意象？「意」是意念，「象」是物象，意象就是「意念的形象」，它是主觀的意念，但有別於抽象的觀念或想法，是人們在主觀意識中選擇、組織而創造的形象。「意象」是生命主體獨特的情感活動，在物象中融入思想感情，往往使意念更為飽滿深刻。最明顯的例子，就是文學創作中的借物抒情，中學課文中的「金手鐲」、「失樓臺」都是例子。

「意象」是創作的靈魂，文學如此，繪畫尤然。高中課文中曾選過一課〈鄭板橋題畫選〉，其中一段文字，正好完整地介紹了什麼是「意象」：

江館清秋，晨起看竹，煙光日影露氣，皆浮動於疏枝密葉之間。胸中勃勃遂有畫意。其實胸中之竹，並不是眼中之竹也。因而磨墨展紙，落筆倏作變相，手中之竹又不是胸中之竹也。總之，意在筆先者，定則也；趣在法外者，化機也。獨畫云乎哉！

這段文字裡，首先出現的是畫面：「煙光、日影、露氣，皆浮動於疏枝密葉之間」，畫者待在裡面，油然生出了勃勃的畫意，那是物我交感時「充實不可以已」的生生之機，「意象」就藏在裡面，醞釀欲出。

鄭板橋又進一步分析這個創作過程：作畫之前，首先是「眼中之竹」，然後是「胸中之竹」，最後才是「手中之竹」。這三層變化，先是感官（眼中）所得之象，然後是意念（胸中）所構之象，也就是「意象」。但落筆之際，又在這基礎上自由騰挪，倏作變相，成了筆下（手中）之象。因此，創作中的每一個剎那，都是靈機飛騰、生趣勃勃的樣態。

「意象」是在物我之間、主客之間會融而成。「眼中之竹」，是我們看到的樣子，還在感官活動的層次；「胸中之竹」，則是意象的蘊釀，已是精神主體涵融的活動。「人秉七情，應物斯感」，生命主體和外在世界相感相發，情動於中，腦中所形成的並非純粹客觀的外象，其中融入了對世界的感受或理解。

意象既由人格融攝而成，人格有高下雅俗之別，胸中所成的意象也就有淺深廣狹之變。譬如《倚天屠龍記》裡面，張三丰在俞岱巖遭難之後，中夜難寢，起身踱步，就用手指在空中臨寫王羲之的〈喪亂帖〉。他的徒弟張翠山懂得書法，眼裡看到的是「師父指書的筆致無垂不收，無往不復，正是王羲之喪亂帖的筆意」。接下來就是張翠山的內心獨白，說他過去臨帖時，「雖覺其用筆縱逸，清剛峭拔，總覺不及蘭亭詩序帖、十七帖的莊嚴肅穆，氣象萬千」。這些是對王羲之書法的概括，也都是「意象」的表現——作者的生命情調、氣象和流動的韻律。

「意象」並不只是物象，更表現了生命的深度、內涵和境界。所以張翠山在「翩翩年少，無牽無慮」時，無法領略到帖中的深意，一直要到身遭師兄存亡莫測的大禍，才懂得了「喪亂」、「荼毒」、「追惟酷甚」，才看懂了筆劃之中「充滿了拂鬱悲憤之氣」，領會了王羲之「先人墳墓慘遭毒手」的滿腔傷痛，領會了「無垂不收，無往不復」的筆意。這裡道出了中國書道的精髓：書法並非一味追求外觀的勻麗姸美，更是生命主體的感悟和生命氣象的呈現。

在創作活動之中，「意象」是作者的人格融攝所得，落筆就成了翰墨。就算不投入創作，每個人的胸中也自有其丘壑、山水、煙雲，在生活中形成各自的人格特質與魅力。當生命主體成為意念的審美對象時，人格意象就出現了。譬如《笑傲江湖》：

> 令狐沖雖於音律一竅不通，但天資聰明，一點便透。學得幾遍，彈奏出來，雖有數音不準，指法生澀，卻洋洋然頗有青天一碧、萬里無雲的空闊氣象。

「青天一碧、萬里無雲」，就是令狐沖的人格意象。古人說「琴為心聲」，惟有心胸豁達，超邁自由的人格，琴聲中才有如此境界。正是這種超邁的人格境界，形成了「洋洋然」、「青天一碧、萬里無雲」、「空闊」的生命意象。

金庸描寫生命意象，有時引經據典，融入許多深沉厚重的文化元素。譬如《天龍八部》裡的「凌波微步」，內文就引用了曹植的《洛神賦》，有時寫整體意象：「翩若驚鴻，婉若游龍」，有時寫體態韻致：「體迅飛鳧，飄忽若神」。這些文字虛實交錯、形神會合，各種活潑潑的靈機樣態，都是人物意象。

這種美感，非只美女專用，描寫高手亦然。譬如黃藥師出場時，「形相清癯，丰姿雋爽，蕭疏軒舉，湛然若神」，幾乎是魏晉名士的再現。回頭看《世說新語．容止》對嵇康的描寫：「風姿特秀」、「爽朗清舉」、「肅肅如松下風」、「巖巖若孤松之獨立」，兩相對照，神氣宛然。金庸對黃藥師的描寫，很可能就來自魏晉的人物意象。

直觀地說，「意象」就是我們的心裡能意識到、感受到、想像到的樣子。金庸筆下雄奇瑰麗的世界，建構了無數大氣磅礴的「生命意象」，這些意象往往能打開一種廣闊無邊的想像力，帶來「生氣淋漓」的感覺，使讀者對那個世界產生想像的勇氣和熱情。

每個創作者的人格境界不同，所涵攝而成的「意象」也不同，那裡面有創作者對世界的獨特感受、理解和體悟，也就是作者的「胸中丘壑」。武俠小說的獨到之處，往往正在於作者所建構的特殊「意象」，使我們豪情勃發、意氣高舉，甚至神思遠揚、逸興遄飛。

或許，武俠世界的主要魅力，正在於此。

演講

我從小就不喜歡演講比賽。

我覺得講話就好好講，幹嘛要「演講」？要演也可以，那就好好演，可是把「講話」當成「表演」，還把它當成「比賽」，那比起來得多麼矯揉造作？

可是爸爸喜歡我參加。他幫我報了名，我只好去。

那是公賣局包裝材料廠辦的比賽。爸爸年輕時，曾以他那一口苦練過的臺灣國語在廠裡的比賽拿到冠軍，那榮耀感一直在他心頭盤旋。我既是他最心愛最得意的兒子，他一直想把我送上講臺，彷彿渴望兒子能夠繼承那種他所認定的「榮耀」。

可我們的想法其實不同，我不覺得那樣的表演會有什麼榮耀，而且覺得講話就好好講，還要那樣裝模作樣，實在有點噁心、造作。

還有一點，就是我的性格本來內向，要我站在台上公開對大家說話，實在是一件很難為情的事情。何況，我必須勉強自己變化聲調，去講那些跟我的生活毫無關係的內容，什麼反攻大陸解救大陸同胞，還弄成一場表演，這實在太痛苦了。

可是我不敢讓爸爸失望，只能去，不能拒絕。

我背熟了一堆我自己也不知所以然的內容，緊張兮兮地站上了台，面對黑壓壓的一片人群，壓抑著自己，勉強著自己，開始背稿。

我一開始就說錯了。

因為按著演講的慣例，都要先向在座的各種大頭問好，廠長、副廠長、主任……然後什麼烏七八糟的大頭，把那些該死的頭銜都唸一遍，才開始演講。

但那天有一個大頭沒有來，爸爸提醒我，要略掉那個沒有來的大頭，可我一站上台就忘了，哇啦啦把頭銜背了一遍，才發現我忘了略掉他，我錯了。

我畢竟是小孩子，沒有見識過大場面，一犯錯，人就僵在那兒，血液彷彿停住了十幾秒，然後才勉強講下去。

如果我沒有記錯，那天我什麼名次也沒得。但是，爸爸還是取來了這張照片，帶回來給我看，彷彿是無上至寶。

我以為我的惡夢就此結束了。

但不是的，升上國中，選拔演講比賽的選手，老師總是從國文、作文成績好的孩子去選，於是，我又硬生生地被押上了賊船，開始參加該死的演講比賽。

不知是不是因為爸爸那種灼熱的眼光和關注已經不在現場，還是因為我又長大了一些，對這件事已經變得渾不在意。我既不緊張，也不特別努力，平平表現，完成就是了。

事情如我所料，還是沒有得名。我沒有什麼得失心，但國文老師不太開心。她很喜歡我寫的句子，尤其是「怒潮洶湧、風雲變色」那類的東西，但忍不住批評了我在臺上說的國語，說：「你寫的稿是很棒，但是你那一口臺灣國語，怎麼可能得名啊。」

我聽了她的批評，差一點笑出來。

到底是誰叫我去參加演講比賽的啊？明明知道我是臺灣國語，還叫我去比賽，沒得名還怪我？難不成你覺得，只要練個幾天，臺灣國語就會變成一口標準國語嗎？

我知道老師沒有惡意，而且我對這比賽本來渾不在意，也不生氣。我心裡只想：這種噁心巴拉的比賽，總算在我的求學生涯裡結束了。我再也不要在臺上用奇怪的聲調，講一些既白癡又讓人起雞皮疙瘩的話了。

我當然沒有想到，我後來會以說話為職業，長年站在講台上，甚至也應邀去別的地方演講。這種本來「噁心又可怕」的事情，通過思想文化的力量重新消化過之後，如今對我來說，已經成了意義完全不同的事情。

我對裝模作樣、誇張賣弄的講話方式仍然厭惡，但我用自己的方式，重新理解、詮釋了這件事。因工作所需，我偶爾也當演講的評審，必要的時候，甚至指導學生，訓練學生，帶她們參加演講比賽。

我印象最深的一次，是訓練一個別班的學生。

按學校的慣例，每班推出演講比賽的代表以後，班上的國文老師就成為當然的訓練者，但她們班的老師所有的精力都放在外頭的事業，對這些額外的義務毫無興趣，自然不會撥出時間來訓練她。可是，那孩子偏偏又有很強的企圖心，渴望得到良好的訓練，絕不甘心就此放棄。於是，那孩子不知基於什麼判斷，竟主動找上了我，請我訓練她。

我想了想，跟她說，這樣吧，我們私下訓練就好，不要太張揚，可能還是比較好。

經過一段密集的訓練，她的練習活動已成了一件鮮活豐富的事情，每次練習，她都非常開心、充滿期待。

帶著滿滿的信心，她參加了市賽。比賽當天，我說我的工作已經完成了，就不去了，讓你們老師陪你去吧。那天，她的老師終於出現，看著她演講，看著她輕鬆拿下了亞軍，師生倆共享榮耀，皆大歡喜。

那件事，其實讓我非常開心。因為，我擺脫了該死的頭銜，連名字都不掛，也擺脫了該死的演講套路，完全不理會那些技巧，照樣成功地教會了學生「演講」。

我想，同樣一件事，不同的觀念和方法，不同的文化底蘊和思想認知，都會帶來完全不同的意義。學生在學校裡參加什麼、學習什麼，那些事情本身往往沒有絕對的好壞，關鍵還是在帶的人怎麼帶，在那件事裡面給出什麼。

至於頭銜、名次、套路這些東西，能夠多忽視，就多忽視吧。

空間寫作

模擬考結束的那個下午，還剩下一節課，照規定是正常上課，我的腦筋向來死板，本沒想那麼多，準備了課本，就要上去講課了。

但辦公室裡的同仁都在聊天，說起高三孩子們的辛苦。

她們說，孩子們一開學就經歷了大考的試辦測驗，緊接著就是模擬考，考完還不能結束，還馬上就要上課。這種時候，應該讓她們在校園裡走走、散散心、喘口氣。

聽了這些話，我心裡不禁一動，卻又不免遲疑。

這樣美好的活動，我不是沒有做過，但我都做得很小心。主要是因為每班的孩子性情不同，和我之間的默契親疏也有差別，有些活動辦起來多少有些罣礙，不那麼放得開。

譬如說，孩子要是跟咱們不交心，我們認為帶她們走一走是生命教育、美感教育，但她可能覺得你在找理由、混時間。這種劇烈的落差，我承擔不起，也不願承擔。

所以同事們說是說得很起勁，我心裡卻打了一個叉。萬一熱臉貼冷屁股怎麼辦？我臉皮薄，傷不起。我才不要。

但嘉惠適時說了一句話，改變了我的主意。

她像是看穿了我的心事，笑瞇瞇地說，欸，我可是有設計作業的，不是只有逛逛校園喔！說著，瓜啦瓜啦地解釋了她的作業設計。我聽著聽著，心裡又是強烈地一動，覺得好像明白了什麼。

生命教育、美感教育是很不容易的，這我們都知道。但如果可能，我們還是可以用語文教育把它包裹起來，只要包得好，一份簡單的作業裡，就很可能給出很多重要的訊息，激發出很多東西。

我順手翻開剛考完的模擬考題目，這一次「國語文寫作」的部分，有一個題目叫做「理想的房間」，兩篇引文分別是《紅樓夢》和〈項脊軒志〉，提到的分別是林黛玉和歸有光的房間。

這題目的思路，很明顯是「空間寫作」，也就是通過具體的場景情境，把抽象的人格、情感、意緒或想法放進去，以實寫虛，材料就定位在「空間」，同時也測驗他們寫生、再現情景的能力。

「空間寫作」是大題目，大考很早就出現過了。民國八十六年就出現過一個題目：「街景」，後來又有「窗外」，模擬考也跟進，出現過「大城小調」什麼的。最有名的就是九十六的學測作文題：「走過」，中山女高還出現了滿分佳作。在大考裡，一篇文章佔分比重這麼高，這樣的題目類型又素來熱門，何況，我們模擬考才剛剛考完相關的題目。所以，我們往這個方向定個作業，其實順理成章。

理由充分了，就不怕冷屁股了。好，就這麼定了。於是，我抱著課本，一邊上樓，一邊醞釀了這樣的題目：

一、到校園裡逛逛，選定一個角落，找一個自己喜歡的角度，拍一張照片。當然，想拍兩張三張也行。

二、寫一小段文字，寫出這個空間的「樣子」。也就是運用形象化的能力，把這個空間的畫面「再現」出來。字數不拘，詩文皆可，但建議短一點，練習精準度。這是寫景能力的練習，建議善用感官。

三、再寫一段文字，或口述亦可，說說「這個空間對你的意義是什麼」。如果說前一項是客觀表達，這一項就是主觀表述，情感的、理智的都可以，自由發揮。

四、做成簡報，上台報告。

當然，我順便提點了一下，校園裡，除了那些珍貴無比的老樹以外，她們所在的逸仙樓，那些木門木窗，全都是請國寶級的師傅，用古法重製的。外型和原來一模一樣，但木質全都優化了，在便於使用的前提下，校方竭力還原了「老學校」應有的氣息。

題目定好以後，讓她們去逛校園。逛完以後，兩天後的週一上台報告。

報告的結果，出乎意料之外的好。

全班講完這個作業，總共約用了兩節課的時間。報告的節奏很緊湊，主題也很清楚，大部分的同學都準確完成了我的要求。雖然有些同學只記得要講空間的意義，忘了做感官的練習，但整體來說，報告水平還是很不錯。

其實，更重要的東西，根本不是這個。我只是，假裝，在進行專業的語文教育而已。

是的，因為我給的確實是語文專業的內容，所使用的也確實是語文教育的方法，這確實是一門「空間寫作」的課程，能結合課本教材與考題，而且貼近生活、材料具體、情感真切，整個課程的設計，我想誰也無法挑剔。

在同學報告的過程裡，我甚至針對每個人在語文表達上的困境，當下指出問題。有的是感官摹寫的表達能力不足，無法或忘了再現畫面；有的是給了一個個畫面，但前後的氣味、調性無法統一；有的是丟出了某些感覺，但是結尾兜不起來，無法收攏自己要說的意思。還有些孩子是每項都做到了，客觀的主觀的情感的理性的，全說了，但主題分散斷裂，未能聚焦顯題。

這其實很像是「手把手」的教作文，她們現場發表，我就現場即時「批閱」，同時讓所有的同學都一起聆聽，一起充分理解大家在國語文表達上的各種問題。這就是語文課、國文課，就是國語文寫作練習。毫無疑問。

但這些其實都只是包裝。在那兩節課裡，我隱隱覺得，在這些語文專業的包裝底下，有一些更重要的訊息可能會留下來，留在她們的心裡。

譬如說，語文真的是來自生活，不是別人的，而是我自己的。

譬如說，我們在一個地方待著，真能待出情感，待出一種眷戀和歸屬，待出一種認同和溫存。

譬如說，學校原不只是講課聽課的地方，它主要是一個空間，讓我們泡在那個空間裡，學習生活、學習善待、學習愛。

譬如說，高中三年，原以為只是過客，但好像隱隱有某種感覺，讓她們真的覺得，這裡是娘家，有些生命中特別重要的、無可取代的東西會一直都在，隨時等她們回來，給予溫暖的擁抱。

這些東西，都好難說清楚。

但是，我們就把它包裝在作業裡，包裝在活動的設計裡，偷偷地塞給她們。我想，也許這就是這裡的國文老師最喜歡做的事了。

說說〈項脊軒志〉

我們目前的高中選文，以唐宋文居多，這是有道理的。先秦文字古奧簡練，要有點文化基底才好讀。秦漢文比較典雅厚重，陌生的材料也比較多，學生讀起來就吃力一些。唐宋文好讀，學生相對容易進入那個情境。

至於明清以後的文章，離我們更近，照理說更好讀了，但有時候卻也未必，有時候看是看懂了，就不明白到底要讀他什麼，譬如說歸有光的〈項脊軒志〉。

對學生來講，這應該算是一篇「有點抓不到要感覺什麼的文章」。

歸有光號稱是「唐宋派」的文宗，但我們真看唐宋文，很容易知道他要說什麼，可讀歸有光的文章，每段每句都明白，卻有點不知道他寫這個「到底是要做啥」。

課本裡的唐宋文，其實只要一打開，我們就會覺得有個主題在那裏，氣勢或文采也在那裏，有點閱讀功底的孩子，看一下就多少會知道要往哪個方向去感覺它。

比如說〈師說〉，那韓老夫子要訓誨什麼，我們還能不知道嗎？比如說〈始得西山宴遊記〉，那柳宗元謫居的苦悶和超越的渴望，都是明擺著的呀。比如說范文正公的〈岳陽樓記〉，那先憂後樂，還不夠清楚嗎？那歐陽修的醉翁亭記、曾鞏的墨池記、王安石的傷仲永、遊褒禪山記，尤其是蘇東坡的文章，那是一篇比一篇清楚，就算老師不講解，學生稍微讀一兩遍，也能明白個大概。可歸有光呢？嘮嘮叨叨的，有點不知道要學他什麼。

咱們說唐宋文，大概馬上想起「韓潮蘇海」，既然歸有光取法唐宋，總要有個海呀潮呀的氣勢吧？可他好像沒有。「韓如海，柳如泉，歐如瀾，蘇如潮」，要的就是個文氣，要那個破紙而出的力量。可他好像就是沒有。

他說什麼呢？他說他的破房子，如何又小又破又漏水又沒有採光，整修完了以後待在裏頭如何高興，接著寫家裡親情漸疏，近乎四分五裂。然後就是寫家裡的一堆女人了。

先是在這個破房子裡，他阿嬤的婢女說了啥，當年他母親說了啥，然後他阿嬤又說了啥，最後是他故去的妻子跟這破房子的一點因緣。好不容易說了點他住在這破屋裡的白日夢，馬上又趕緊自我調侃，吞回去了。

我想，或許對學生來說，這些文字有點近乎瑣碎了。因為他好像沒有那麼鮮明的、高大上的「意義」在那裏，如果沒有適當的「引渡」，很可能「進不去」，讀了也沒感覺的。如果我們導讀時只是逐句翻譯，沒有回到「我們為什麼讀這種文章」「他為什麼要寫這些」「寫這些東西的意義或價值在哪裡」的層次去思考的話，這文章簡直會近乎「無聊」。

但歸有光其實做了一個很好的示範，這個示範就是：我們寫文章，不說遠的，且說近的。不說別人的，先說自己的。不說抽象空虛的，且說具體真實的。我就寫我住的、我待的地方，就寫和我一起生活的人。

這是一個非常重要的訊息。

我們帶學生讀書，這一條比什麼都重要。先不要說什麼天下國家社會，先不要說什麼當代顯學熱門議題，先說說，我是怎麼活的，活著是怎麼回事。

首先，就在我們待的屋子裡，我們是怎麼生活，又是怎麼看待這個生活的？如果我們連自己的生活都講不清楚，說不出個意味，連自己到底應該怎麼生活、活成什麼樣子，都不關注，也沒想法，那麼，天天指手畫腳地說那些別人家的五四三做什麼？

臺灣的教改千瘡百孔，要說問題，是指不勝屈。但有一個方向卻是對的，就是作文的方式改變了，不再老是考「燈」、「牆與橋」、「自由與容忍」那種高大上的題目了。有一年，大考中心轉了方向，考了個「街景」，把許多考生都嚇愣了。但這個訊息其實很重要——不要好高騖遠，就在你的生活裡，每天都要看到、都要經過的地方，你看見了什麼？你看見了嗎？能說得出來嗎？先別提那些遠的、大的、空的，好好先說說你的生活，寫寫近的實在的，即使它是小的，也沒關係。

當然，〈項脊軒志〉遠不止此。他不但寫他住的地方，而且寫了一件更重要的事情，就是「我是這樣活著的」。

他這個小屋，又老、又窄、又暗，又漏水，還常常有下人在門外走動，完全不是個讀書的好地方。可是他住進去了，就開始建構他想要的世界。這個「自己建構理想生活樣貌」的過程，裡面有創造性，有建設性，有生命的主動性和能動性，還有審美品味。這其實就是古人心裡「士大夫該有的樣子」。

我們看柳宗元，他在政治鬥爭中失敗，被丟到永州去，很苦悶地寫了〈永州八記〉。可是我們看他的文字裡，都有大量的動詞，那些動作，處處顯露著自己勃勃的生機，處處都有主動性、創造性流露出來。也就是說，他不是只寫一個現成的世界，他寫的是他開闢出來的格局，他展開來的一種可能。

我們隨便取一段來看就明白了。柳宗元寫《鈷鉧潭西小丘記》，說：「鏟刈穢草，伐去惡木，烈火而焚之。嘉木立，美竹露，奇石顯。由其中以望，則山之高，雲之浮，溪之流，鳥獸之遨遊，舉熙熙然回巧獻技，以效茲邱之下。」這就很明白了吧？「鏟刈穢草，伐去惡木，烈火而焚之」都是他來了以後，主動決定要幹的事。這一動作，新天地就被開闢出來了：「嘉木立，美竹露，奇石顯。」接下來那段優美文字，就不用說了。既然開天闢地，新世界也就展開在眼前了。

歸有光也是這樣的。在這屋裡住的時候，他還年輕得很，誰也不認得他，他在居住條件最惡劣的小屋裡，也開天闢地，也成就了一方趣味盎然的桃源世界。

首先是「抓漏」，他先做防水工程。然後卯起來做採光，不但開闢四個窗戶，讓陽光透進來，還蓋了一圈矮牆，讓陽光反射，增加亮度。這是第一個「實用層」。完了就是「審美層」，他懂植物，綠手指來種個蘭、桂、竹、木，配上原有的欄杆，這裡就有了庭園之美了。

裝潢完工之後，接下來更重要，要聚焦在「我在這裡怎麼活」了。我是讀書人，自然滿架都是書；我是有情懷的人，自然要在這裡偃仰嘯歌；我是淡泊寧靜的人，還要在這裡靜靜地「冥然兀坐」。然後，這篇文章最美的地方出現了——靜觀萬物皆自得，所以萬籟有聲，小鳥時來。在月光明亮的夜晚，小屋的牆面上除了那片光潔的銀白，就是倒映的斑駁桂影，「風移影動，珊珊可愛」。這一段話，簡直令人銷魂。他寫月夜裡的美好，竟然一點兒力氣不用，就是輕輕書寫，只用幾個字，就把月夜的空靈之美都寫出來了。

我們回想一下，學生國中時讀過的〈記承天寺夜遊〉，蘇東坡說的「庭下如積水空明，水中藻、荇交橫，蓋竹柏影也。」幾乎是一樣的情趣、一樣的畫面。月夜裡，那種寧靜空靈的美好，往往在月光和樹影的斑駁交錯中被映現出來。樹影是虛和實的過渡，是樹和光的過渡。沒有實的樹，那個虛靈就沒有著落，空掉了。沒有虛的影，那個靈動之美就出不來，就太具體了。所以樹影之美，就是特別迷人。歸有光還不滿足，加工加料，再來一陣微風，那畫面就不得了了——我們想想，「雲破月來花弄影」，那還不美死人了？

相較之下，自許審美獨到的袁宏道，說了老半天要去「待月」，結果待了老半天，也就是「山容水意，花態柳情」八個字，沒了。這有說跟沒說一樣，還說「此樂留與山僧、遊客受用，安可為俗士道哉」，你倒是給點畫面讓我想像啊？至少弄點兒什麼讓我流口水啊？結果你啥也說不出來，淨賣關子，自以為虛寫，虛個頭。

好啦抱歉，我開玩笑的。袁宏道那篇寫法有點特殊，他是一層一層推上去的，用遊人如織、歌吹為風、粉汗為雨、綠煙紅霧，來襯顯湖光染翠之工、山嵐設色之妙，用朝煙夕嵐來襯顯月景之美。同一個場景，他換不同的光影來染色，一層一層刷淡，自然就不能每一段都用工筆，用實來推虛，他這樣寫可以理解啦。

總之，我們寫東西的時候，得虛實掩映，那虛的無盡無垠才顯出來；得光影交錯，那若有似無的靈動才顯現出來，同樣是寫月夜之美，在這一點上，歸有光這段文字顯然更適合當作範例。我們大考不是考過一個「靜夜情懷」嗎？讀讀歸有光這一小段文字，我想多少會有點啟發。

好了，小屋寫完了，裡面有他的生命、他的創造性、他的審美、他的生活情調了。接下來，占全文最多篇幅的，卻都是在寫人，而且是寫女人，寫這些名不見經傳的，在歷史上絕不會有人去記載去書寫的，卻是和他最親密的、對他最重要的人。

這又是一個重要的訊息。寫文章的時候，什麼樣的人值得我們去寫，而我們又應該寫出他的什麼？這文章是寫他的小破屋，也就是他蟄居養志之地，那麼該寫的人，就是跟這小屋有關的人，也就是他生命中最親密的人。而不是這個人偉不偉大，要不要歌頌。

譬如說阿嬤的婢女，這樣身分的人，一般人可能完全不會想到要去寫，可他不管，他要寫。對歸有光來說，她老人家照料了我們家兩代，那不只是僕役，簡直就是我的親人，她那佝僂的身軀裡，承載了許多這個屋裡的記憶，特別是離我遠去的母親的記憶。我眷戀著我讀書的破房子，眷戀那一段自己砥礪、閉門讀書的時光，那一段努力造就自己、規劃生活的青春歲月，尤其眷戀著這些已經老去或離去的女人，還包括後來進入這個屋宇的新客人：那陪著我燈下讀書、談心講古的妻子。

我來說說歸有光的潛台詞好了——在這個男人當家做主的世界裡，她們或許永遠進不了廟堂，永遠待在屋宅最深秘的角落，可就是她們哺育、滋潤、慰撫了我。我寫這個屋子，是寫我的生命、我的成長、我的自我安頓和期許，可這個蟄居養志的小天地，卻是因著這些女人給我的溫暖才撐起來的，這屋子裡到處都是她們的身影和記憶，到處都是愛的光影。

這一來，當那些瑣碎的生活片段，被他一一拼貼出來時，字裡行間就全是眷戀了。大家不是總說「男兒志在四方」嗎？那些總是「老婆孩子熱炕頭」的人，不是都要被嘲笑的嗎？可他不管，他就盡情寫他的眷戀。

他寫對話，寫動作，寫神態，處處都在寫他對這些女人的依戀、他的懷想、他的感念，甚至他的傷心。所以這個小屋就不只是他所開闢的小天地，而且還承載了他最厚重最深沉的記憶。

當然，相對於這些深沉凝聚的美好眷戀，他也放了一段親族疏離、漸行漸遠的感傷。為什麼寫這個呢？這是因為，古人安頓生命的時候，是把自己這個個體，安放在整個家族裡面，安放在歷史的血管裡面。

項脊軒是個小破屋，可他屬於整個大家宅的一部分。歸有光是個獨立的生命，可他也屬於這個家族的一部分。所以當他阿嬤說話時，先祖的榮光簡直就在那段話裡閃耀，正是在這樣的餘光裡，繼承祖業的熱情和期待也在他的心裡跳動。所以從這個小屋看出去，家族分裂的衰象一幕一幕，都在刺激著他這個年輕的靈魂，隱約做著重整家業、光宗耀祖的夢想。

他寫這篇文章時，還特別年輕，既勇敢地做著名揚天下的大夢，又忍不住自我調侃，覺得自己是不是自我感覺太良好了。住那麼小的屋，發那麼大的夢，怕是太狂妄了，所以，他就用埳井之蛙來自嘲，讓文氣緩上一緩，也把前面揚眉瞬目的銳氣收上一收。這是他的性格，也是他的文風。因為，鋪張揚厲雖然好看，舒緩溫存卻或許更耐讀。

說到底，我們寫文章，說一千道一萬，還是在寫自己——寫自己怎麼活著，也寫自己想要活出什麼來。寫自己所愛、所眷戀，也寫自己所擔心、所戒懼。

所以，教這篇文章，恰恰是個好機會，讓孩子們把注意力從喧囂時局和紛繁人事中退回來，回到自己，回到自己的生活裡。好好看待自己和生活，說說什麼是重要的。我們能把自己說好了，說通透了，也就開啟了跟世界對話的能力，這就是我們語文教學的重要起點。

從最現實的考試來說，這也是一個鑑別優劣的重點。前兩年學測的模擬考，出了個國寫題，就叫「理想的房間」。什麼是理想的房間？題目引了紅樓夢裡林黛玉的房間，裡面有一段話：「窗下案上設著筆，又見書架上磊著滿滿的書」，這就很明白了。另一篇引文是陳列寫獄友的房間，裡面也有一段話：「他後來變得蜷縮起來了的破碎的一生，似乎已完全封存在他所珍視的那相機冷硬的金屬體裡」，也就是相機，是封存的記憶，是歷盡炎涼後的一點紀錄。換句話說，寫房間，就是在寫這個人，寫他的心胸、志意、懷抱，寫他的處事、生活、品味。

有些孩子練習這個題目，把自己所有的慾望都放進去，外面就是百萬海景，裡面全是豪華設備，應有盡有，總之是個愛麗絲夢遊的仙境，是個武陵人偶遇的桃花源，甚至是個哆啦ㄟ夢的科幻世界，按個什麼鈕連時光機都有了。你不能說這完全不是理想，但這基本上也就是一場幻想。就算金山銀海都成真了，這裡面的志意懷抱是什麼呢？也就是一句：「我的欲望很多很多啊。」這可不可以呢？也可以。但是坐等餡餅、紙筆意淫的白日夢，就很難說是好文章了。

所以藉由歸有光這篇文章的導讀，我們可以很自然地回到語文教學裡最核心的東西：真實而自然的表達。語文的學習，是先讓我們能把自己弄明白，把自己的內在說清楚，然後在這裡可以拿出一個態度，寫出志意、情調和品味，讓人家看見或看懂自己，這就是對話能力的開始。

當然，我並不是說歸有光文章就一定最好。曾國藩就很明白地說過，歸有光的文字，不能和曾鞏、王安石、方苞相提並論，尤其是許多應酬文字，意義狹窄，主題不深，氣勢也不開闊，簡直就是浪費文辭。但他還是肯定了歸有光最大的好處——相對於明代的臺閣、擬古、復古這幫人來說，歸有光可太珍貴了，因為他「不事塗飾而選言有序，不刻畫而足以昭物情」，用字準確、真實自然，我們語文教學裡要的，不就是這個嗎？

至於韓潮、蘇海、柳泉、歐瀾，說實話，那真不是學得來的，不必也不該刻意去學。當我們的生命到達了那樣的高度，筆下自然就有那樣的氣勢。用曾國藩的話來講，「置身高明之地，聞見廣而情志闊」，自然而然就有了。

語言教學叢書 · 作文教學叢刊 1101001

文章偶得——閱讀素養的核心

作　　者　林世奇

發 行 人　林慶彰
總 經 理　梁錦興
總 編 輯　張晏瑞
編 輯 所　萬卷樓圖書(股)公司
臺北市羅斯福路二段 41 號 6 樓之 3
電話 (02)23216565
傳真 (02)23218698

發　　行　萬卷樓圖書(股)公司
臺北市羅斯福路二段 41 號 6 樓之 3
電話 (02)23216565
傳真 (02)23218698
電郵 SERVICE@WANJUAN.COM.TW
香港經銷
香港聯合書刊物流有限公司
電話 (852)21502100
傳真 (852)23560735

ISBN 978-626-386-013-1
2024 年 1 月初版
定價：新臺幣 380 元

如何購買本書：
1. 劃撥購書，請透過以下帳號
帳號：15624015
戶名：萬卷樓圖書股份有限公司
2. 轉帳購書，請透過以下帳戶
合作金庫銀行　古亭分行
戶名：萬卷樓圖書股份有限公司
帳號：0877717092596
3. 網路購書，請透過萬卷樓網站
網址 WWW.WANJUAN.COM.TW
大量購書，請直接聯繫，將有專人為您服務。(02)23216565 分機 610

如有缺頁、破損或裝訂錯誤，請寄回更換

國家圖書館出版品預行編目資料

文章偶得 : 閱讀素養的核心 / 林世奇著. -- 初版. -- 臺北市 : 萬卷樓圖書股份有限公司, 2024.1
面 ;　公分. -- (語言教學叢書. 作文教學叢刊 ; 1101001)
ISBN 978-626-386-015-5(全套：平裝)
ISBN 978-626-386-013-1(平裝)
1.CST: 國文科 2.CST: 閱讀指導 3.CST: 中等教育

524.31　　112019098